Auf Dich wartet der TOD

Eva Sturm ermittelt

Ostfrieslandkrimi von Moa Graven

Impressum
Auf Dich wartet der TOD
Ein Fall für Eva Sturm auf Langeoog - Band 07
von Moa Graven
Alle Rechte am Werk liegen bei der Autorin
Erschienen im cri.ki-Verlag Leer (Ostfriesland)
September 2016
ISBN 978-3-945372-78-4
Umschlagfoto: Moa Graven
Gestaltung: Moa Graven - cri.ki-Verlag Leer (Ostfriesland)

Zum Inhalt

Eva Sturm erhält eines Tages eine mysteriöse Mail, in der eine junge Frau aus Verden um ihre Hilfe bittet und sie auf Langeoog besuchen möchte. Sie kennt sie nicht. Doch nach kurzer Beratung mit Jürgen willigt Eva skeptisch ein. Es stellt sich heraus, dass Saskia Lindner durchaus keine Unbekannte für Eva ist und sie sie aus frühen Kindertagen kennt. Eine quälende Reise in die Vergangenheit beginnt für Eva und kurz darauf ist Saskia tot. Eva ermittelt mit Jürgen und schwebt bald selber in größter Gefahr, als weitere Opfer auftauchen.

Entführt

Die Tropfen waren das Schlimmste. Seit Tagen plätscherten sie unaufhörlich auf eine Metallfläche und machten dabei Geräusche, die sie fast in den Wahnsinn trieben. War es eine Woche oder einen Monat her, dass sie jetzt hier im Dunkeln saß? Irgendwann hatte sie das Zeitgefühl verloren. In ihrem Kopf kreisten die Gedanken nur noch darum, wer ihr das angetan haben könnte. Und warum?

Sie war wie jeden Morgen eilig aus der Wohnung gegangen. Du bist der hektische Typ, hatte ihr ehemaliger Freund einmal zu ihr gesagt, wenn sie im Stehen den Kaffee herunterstürzte. Er hatte irgendwann lakonisch festgestellt, dass ihm die Gemütlichkeit mehr liege. Eines Abends, als sie von der Arbeit kam, war er einfach nicht mehr da.

Warum musste sie ausgerechnet jetzt an ihn denken? Wäre das alles nicht passiert, wenn er sie nicht verlassen hätte? Aber was war eigentlich passiert? Sie konnte sich nicht erinnern. Nur, dass sie hier in diesem dunklen kalten Loch aufgewacht war. Mittlerweile verschwamm Zeit und Raum. Es war komisch, wie sehr man auf das Licht angewiesen war, um sich zu orientieren. Das Einzige, was ihr hier zur Orientierung blieb, waren diese Tropfen. Sie zählte sie manchmal mit und versuchte so, die Sekunden zu Minuten zu denken. Doch wollte sie wirklich wissen, wie lange sie hier schon festsaß? Und vor allem, wie lange noch? Was hatte dieser kranke Typ, der sie einmal täglich mit Nahrung und Flüssigkeit versorgte, mit ihr vor? Durch eine kleine Luke in der schweren Holztür schob er ein Tablett, wobei auch immer ein Lichtstrahl für einige Sekunden in ihr Gefängnis drang.

Wer bist du?, hatte sie am Anfang noch geschrien, wenn sie hörte, dass er kam. Doch jetzt hatte sie keine Kraft mehr.

Er versorgte sie gut. Manchmal war sogar frisches Obst dabei. Warum tat er das? Wer war er? Hatte sie Feinde, von denen sie nichts ahnte?

Immer wieder war sie die letzten Wochen durchgegangen. Sie kam mit ihren Nachbarn, die sie manchmal im Treppenhaus traf, gut zurecht. Sie zahlte pünktlich ihre Miete. Sie fühlte sich wohl in der Verdener Altstadt in dem historischen Mehrfamilienhaus, auch wenn die Miete nicht gerade günstig war.

Und bei der Arbeit in der nahegelegenen Anwaltskanzlei? Sie hatte nie das Gefühl gehabt, dass einer von den Kollegen etwas gegen sie gehabt hätte. Sie machte ihren Job doch gut. Und Neid war ihr seit jeher fremd gewesen. Sie wollte keine große Karriere.

Und die Ex-Freunde? Gab es einen darunter, den sie vielleicht unbeabsichtigt so verletzt hatte, dass er sich an ihr rächte? Sie wusste es einfach nicht. Einzig die letzte Beziehung zu Ralf, einem Immobilienverkäufer, der sie von heute auf morgen wegen ihrer angeblichen Ungemütlichkeit verlassen hatte, war, wenn man so wollte, nicht normal geendet. Er war einfach weg gewesen. Sicher, er hatte im Vorfeld immer wieder Andeutungen gemacht, dass er mehr Zeit mit ihr verbringen möchte. Gerne auch zuhause vor dem Fernseher. Doch dafür war sie einfach nicht der Typ. Sicher hatte er mittlerweile das Hausmütterchen gefunden, das ihm alle Wünsche erfüllte. Er würde sich nicht zu so einer abstrusen Entführung treiben lassen. Dazu war er viel zu phlegmatisch.

Und Freundinnen? Gab es welche, die so einen Hass auf sie hatten, dass sie sie hier einsperrten? Nein, ganz sicher nicht. Sie hatte nie jemandem auch nur das Geringste zuleide getan.

Sie war froh, dass es Sommer war. Das war der einzige Lichtblick. Im Winter wäre sie hier jämmerlich erfroren. Doch auch das hatte ihr Entführer sicher ins Kalkül gezogen. Wie lange würde er sie hier noch festhalten? Umbringen wollte er sie ganz offensichtlich nicht. Dann bekäme sie nicht so viele und so gute Sachen zu essen. Und auch sonst hatte er sie bisher nicht einmal berührt. Immer kurz vor dem Einschlafen, sie schlief meistens vor Erschöpfung an eine kalte Steinmauer gelehnt ein, stellte sie sich vor, was sie machen würde, wenn sie jetzt in ihrer Wohnung wäre. Und wie spät es gerade sei. Sie würde vielleicht gerade von der Arbeit kommen und sich mit der netten Nachbarin über Belanglosigkeiten austauschen. Sie hatte solche Sehnsucht nach Belanglosem, dass es weh tat.

Als sie wieder erwachte, stand das Tablett bereits in der Luke. Auf allen Vieren kroch sie hin. Sie hatte wahnsinnigen Durst. Doch statt einer Flasche Wasser oder frischem Obst und Gemüse lag auf dem Tablett nur ein weißer Zettel. Irritiert rieb sie sich die Augen. In dem fahlen Schein, den eine Kerze warf, die mit auf dem Tablett stand, konnte sie lesen, was darauf stand: Du bist wieder frei!

Was hatte das zu bedeuten. Sie spürte einen Stich ins Herz. War das wirklich ernst gemeint? Konnte sie jetzt gehen? Vorsichtig zog sie sich an der schweren Tür hoch und tastete nach dem Knauf. Sie spürte, wie sich ihr Herz überschlug. Sie traute sich kaum, zu atmen. Ihre Hand umschloss den kalten gusseisernen Knauf und drückte ihn zaghaft herunter. Was, wenn er nicht nachgab? Doch er gab nach. Sie konnte die Tür öffnen. Sie zog sie weit auf, schluckte, klemmte ihre Tasche unter den Arm und rannte dann um ihr Leben.

Zurück im Leben

Saskia wusste selber nicht, wie sie nach Hause gekommen war. Plötzlich stand sie vor ihrer Wohnung. Sie war froh, dass ihr niemand über den Weg lief, den sie kannte. Die Morgendämmerung hatte noch nicht eingesetzt, so dass sie praktisch unerkannt in den ersten Stock gehen konnte. Sie steckte den Wohnungsschlüssel ins Schloss. Er passte noch. Aber warum auch nicht? Sie rechnete mittlerweile mit allem. Schnell schlug sie die Tür hinter sich zu. Sie rannte in die Küche, um zu sehen, wie spät es eigentlich war.

Die große digitale Wanduhr zeigte ihr Viertel vor vier. Warum hatte er sie mitten in der Nacht freigelassen? Sie erinnerte sich kaum noch, wo sie lang gerannt war. Es waren Bäume dort und viel Gebüsch. Und so lange war sie gar nicht unterwegs gewesen. War sie tatsächlich ganz in der Nähe ihrer Wohnung gefangen gehalten worden? Das hieße doch, dass derjenige auch von hier kam.

Sie rannte wieder zur Tür und schloss zweimal ab. Tief durchatmen, befahl sie sich. Hier ist garantiert niemand. Und doch lief sie jetzt schleichend durch den Flur und machte in jedem Zimmer Licht. Sie war tatsächlich allein.

Und jetzt wollte sie nur noch alles abwaschen. Die schreckliche letzte Zeit. Waren es Wochen gewesen? Es schauderte sie. Sie wollte es im Moment nicht wissen, sondern nur noch alles loswerden. Sie rannte ins Bad, riss sich die verdreckten und verschwitzten Kleider vom Leib und stand so lange unter dem warmen Wasser, bis ihre Haut aufweichte. Immer wieder seifte sie sich ein, wusch ihre Haare. Immer wieder.

Anschließend warf sie ihre Kleider in den Müll, sie wollte nie mehr daran denken müssen. Auf den Gedanken, diese Entführung anzuzeigen und die Kleidung als Beweismittel aufzubewahren, kam sie nicht. Sie wollte vergessen.

In der Küche machte sie sich einen grünen Tee. Ja, es war wirklich wahr. Sie konnte wieder Licht machen, sich frei bewegen. War nicht mehr in dem dunklen Raum eingesperrt. Als dieses Gefühl sich immer weiter in ihr ausbreitete, bekam sie auch den Mut, mehr wissen zu wollen. Sie schaltete das Radio an. Gerade liefen die Nachrichten zur vollen Stunde. Es war Samstag der 17. September 2016. Also war sie über eine Woche lang eingesperrt gewesen. Sie versuchte, sich an den achten September zurückzuerinnern. Was hatte sie an diesem Tag getan? Sie war wie immer morgens aus dem Haus gegangen. War sie bei ihrer Arbeitsstelle eingetroffen?

Doch, sie hatte das Haus verlassen. Aber in der Kanzlei war sie niemals angekommen. Das wurde ihr jetzt klar.

Sie verspürte Hunger. Im Kühlschrank fand sie einen angebrochenen Joghurt, der bereits schimmelig geworden war. Sie erinnerte sich an den letzten Diätversuch und konnte zum ersten Mal wieder lächeln. Bestimmt hatte sie fünf Kilo abgenommen, schätzte sie.

Sie lief ins Schlafzimmer, zog sich einen Jogginganzug und Sportschuhe an. Laufen, das war jetzt genau das, was sie brauchte. Einfach laufen können, wohin sie wollte. Als sie vor die Tür trat, sah sie sich noch einmal um. Nichts war ungewöhnlich. Die parkenden Autos in der Straße mit Kopfsteinpflaster waren dieselben wie immer.

Saskia legte einen federnden Gang ein und joggte los. Die Bewegungen taten so gut. Aber komisch war es schon, dass nicht einmal eine Nachricht auf ihrem Anrufbeantworter gewesen war. Man musste sie bei der Arbeit doch vermisst haben. Man kannte sie als pflichtbewusste Kollegin, die sich immer sofort meldete, wenn sie einmal krank war. Wieso also störte das keinen? Es war Samstag, also musste sie wohl noch bis Montag warten, um alles aufzuklären. Sie lief einfach die Straße entlang. Die ersten Spaziergänger waren mit ihren Hunden unterwegs. Sie grüßte freundlich. Es war einfach schön, Menschen zu sehen. Sie machte die ganz große Runde und kam schließlich nach über einer Stunde wieder zurück. Die Post war schon dagewesen und es war auch ein Brief von ihrem Arbeitgeber dabei. Na also, dachte Saskia. Sicher machen sie sich große Sorgen. Sie schenkte sich ein Glas Leitungswasser ein und setzte sich an den Küchentisch. Was sie dann las, ließ ihre Gesichtszüge gefrieren. Man sei sehr verwundert über die plötzliche Kündigung und hätte sich schon gewünscht, dass sie diese auch persönlich ausgesprochen hätte. Wie bitte? Saskia blieb das Herz fast stehen. Gekündigt? Trotzdem wünsche man ihr natürlich für die Zukunft alles Gute und danke ihr für die geleistete gute und treue Arbeit. Deshalb also hatte sich niemand telefonisch bei ihr gemeldet. Man ging davon aus, dass sie gekündigt hatte. Ob der Entführer dahintersteckte?

In Windeseile zog Saskia sich um. Sie wollte zur Kanzlei gehen. Alles aufklären. Aber das ging ja gar nicht, es war Wochenende. Sie war verwirrt. Sie überlegte, welche Kollegin oder Kollegen sie anrufen konnte. Zu wem hatte sie so ein Vertrauensverhältnis aufgebaut? Eigentlich war da niemand, stellte sie ernüchtert fest. Denn so lange war sie noch gar nicht dabei. In einem halben Jahr schaffte man es gerade so, seinen Job gut zu meistern. Nein, es wäre sicher besser, bis zum Montag zu warten, so schwer es ihr auch fiel. Was sollte sie jetzt bloß machen? Einkaufen, dachte sie. Endlich wieder selber kochen. Glücksgefühle konnten so simpel sein. Als sie auf dem Tisch nach einem Zettel kramte, fiel ihr erst auf, dass dort auch eine Visitenkarte lag, die ihr fremd vorkam. Und auffällig war das Siegel der Polizei. Sie lag auf dem Kopf und Saskia konnte den Namen nicht lesen. Sie griff nach der Karte und hielt sie vor sich. Da stand der Name einer Ermittlerin. Eva Sturm, Kriminalkommissarin und Leiterin der Dienststelle auf Langeoog. Beim besten Willen konnte Saskia sich nicht daran erinnern, wo diese Karte herkommen sollte. Sie selber hatte sie nicht in die Wohnung gebracht, daran würde sie sich bestimmt erinnern. Sie kannte keine Polizistin, die so hieß. Geschweige denn hatte sie in der letzten Zeit Kontakt zur Polizei gehabt. Sie vergaß, was sie vorgehabt hatte, und setzte sich auf ihr kleines Sofa im Esszimmer. Sie starrte auf die Visitenkarte. Hatte der Entführer diese für sie dorthin gelegt? Wollte er, dass sie ihn anzeigte? Kaum vorstellbar, doch einem irren Entführer konnte man wohl alles zutrauen. Immer wieder las Saskia den Namen Eva Sturm. Und irgendwann klingelte es bei ihr. Sie kannte diesen Namen. Und dass sie ihn das letzte Mal direkt ausgesprochen hatte, das war mehr als dreißig Jahre her. Sie schluckte. Der Name Eva Sturm war bestimmt nicht ungewöhnlich. Und alles konnte auch ein verdammter Zufall und eine Verwechslung sein. Und sie wusste auch nicht, was die Eva, die sie damals gekannt hatte, heute überhaupt machte. Der Kontakt war abgerissen.

Saskia schob ihre Beine aufs Sofa und schlang ihre Arme darum. Es war ihr kalt, obwohl die Sonne durchs Fenster schien. Sie dachte lange nach, bevor sie endlich einen Entschluss gefasst hatte. Sie lief ins Arbeitszimmer und setzte sich an ihren PC. Als er hochgefahren war, öffnete sie ihren User-Account und schrieb eine Mail.

Strandlauf

Eva Sturm lehnte sich keuchend an die Hausmauer. Dass Sport aber auch so anstrengend sein musste. Seit einigen Tagen versuchte sie, jeden Morgen vor dem Dienst ein wenig zu joggen. Irgendwo in einer Zeitschrift hatte sie gelesen, dass das die gesündeste Methode sein sollte, Sport zu treiben. Ausdauernd, muskelaufbauend und vor allem Kalorien zehrend. Der letzte Aspekt hatte ihr besonders lange im Kopf herumgespukt. Es war so verdammt schwer, sein Gewicht zu halten, wenn man über vierzig war. Und noch schwerer war es, abzunehmen. Und langsam fragte sie sich, wofür das Ganze überhaupt noch einen Sinn haben sollte. Wen interessierte es, ob sie zehn Kilo mehr oder weniger wog? Und vor allem: Wen ging das überhaupt etwas an? Denn da war noch ein anderer Artikel gewesen, der das enorme Selbstbewusstsein der Frauen um die Vierzig in den Fokus stellte. Pah. Die hatten ja gar keine Ahnung, wie man sich fühlte, wenn einem vieles immer schwerer fiel. Was sollte daran toll sein? Doch am Ende hatte sie eingesehen, dass sie eigentlich gar nicht mitreden konnte. Weder hatte sie drei gescheiterte Ehen hinter sich, noch konnte sie die ersten fünf Enkel in den Armen wiegen. Insofern passte sie sowieso nicht in diesen Bericht.

Wann schrieb wohl endlich mal jemand über Frauen, die unsichtbar waren für die Gesellschaft?

Und dass sie jetzt Sport trieb, war sicher einem Mix aus beiden Artikeln geschuldet.

Endlich konnte sie wieder normal atmen. Sie ging in ihre Wohnung. Ein Blick auf ihr Handy bestätigte ihr, dass niemand etwas von ihr wollte. Nicht einmal Jürgen hatte sich gemeldet. Seit sie ihm bei ihrer letzten Ermittlung im Sommer gestanden hatte, dass sie ihn in so ziemlich allen Punkten angelogen hatte, was ihre Vergangenheit betraf, war er irgendwie anders. Nicht, dass er sich distanziert hätte. Nein, er bemühte sich sogar, so zu sein, wie immer. Doch irgendetwas war da in der Peripherie angeknackst. Es gab offensichtlich Männer, denen Ehrlichkeit noch etwas bedeutete. Genau das mochte sie ja eigentlich an ihm. Sicher brauchte er nur etwas Zeit.

Nach einem kurzen Frühstück mit Kaffee und Toast trat Eva gut gelaunt vor die Tür, um in die Dienststelle zu gehen. Der Sommer war schon phantastisch gewesen, auch wenn er für ihren Geschmack ein wenig zu warm gewesen war. Doch der Herbst zeigte sich jetzt schon von seiner allerschönsten Seite. Sie atmete durch und streckte ihr Gesicht der Sonne entgegen.

Dann lief sie leichten Schrittes durch den feinen Sand.

Als sie die Tür zur Dienststelle aufschließen wollte, war diese bereits offen. Hatte sie etwa vergessen, abzuschließen?

»Hallo Eva, nicht erschrecken«, hörte sie eine Stimme von innen. Das war Jürgen.

Sie stieß die Tür auf. »Morgen Jürgen, das ist ja eine Überraschung. Dich hätte ich hier am allerwenigsten erwartet.«

»Ach, es war nicht viel los in der Touristinfo. Da dachte ich, wir könnten auch einen Tee trinken.«

»So, so. Du gehst wohl davon aus, dass ich sowieso nichts tue.« Eva lachte und setzte sich an ihren Schreibtisch. Sie war ja froh, dass er hier war.

»Ich hab dich vorhin am Strand joggen sehen«, sagte Jürgen.

»Sag jetzt nichts Falsches.« Sie hob zum Scherz den Zeigefinger.

»Ne, find ich gut. Wir könnten auch zusammen laufen.«

»Ich weiß nicht … du bist bestimmt viel schneller als ich.«

»Es geht doch nicht um Geschwindigkeit. Ich passe mich schon an.«

»In dem du auf Knien joggst?« Sie zwinkerte ihm zu.

»Ja, okay. Vielleicht bin ich schneller. Aber ich denke, wir finden schon einen Weg, wie wir zusammen Sport machen können. Ich würde auch ganz gerne ein paar Kilo loswerden.« Er fuhr sich mit der Hand über seinen Bauch.

»Ja, von mir aus«, maulte Eva. Ihr kam das Bild der Frau um die Vierzig wieder in den Sinn, die doch ach so wunderbar selbstbewusst zu sein hatte. Solche dämlichen Artikel wurden über Männer nie geschrieben.

»Okay, ich mach mal Tee«, sagte Jürgen schnell, bevor die Stimmung kippte. »Deine Post habe ich dir auf den Tisch gelegt.«

Eva sah den Haufen, der nach viel Werbung und amtlichen Dingen aussah. Darauf hatte sie keine Lust. Sie fuhr lieber ihren PC hoch.

In ihrem Mailpostfach gab es verschiedene Nachrichten mit allgemeinen Informationen aus der übergeordneten Stelle in Osnabrück, Spam-Mails und eine Mail von einer Frau, deren Namen sie nicht kannte. Neugierig durch den Betreff, der aus den Worten »Ich brauche Ihre Hilfe«, bestand, öffnete sie die Nachricht.

Hallo sehr geehrte Frau Sturm, ich bin Saskia Lindner und wohne in Verden. Mir sind in der letzten Zeit Dinge passiert, über die ich mit Ihnen sprechen muss. Warum, das weiß ich selber nicht so genau. Aber ich habe Ihre

Karte auf meinem Küchentisch gefunden. Ich würde gerne nach Langeoog kommen, wenn es Ihnen recht ist. Viele Grüße

»Was ist los?« Jürgen stellte einen Becher mit Tee auf Evas Schreibtisch.

»Was?«

»Was los ist, hab ich gefragt. Du antwortest mir gar nicht.«

»Hast du was gefragt?« Eva sah durch ihn hindurch.

»Ja, aber nicht so wichtig. Schlechte Nachrichten?« Jürgen zeigte auf den PC.

Eva nahm den Teebecher und rieb ihre Hände daran. »Ich weiß nicht. Da war eine etwas merkwürdige Nachricht in meinem Postfach.«

»Ach ja?«

Sie las ihm den Inhalt vor. »Komisch oder?«

Jürgen nickte nachdenklich. »Könnte ein Scherz sein.«

»Meinst du? Schließlich bittet mich da jemand um Hilfe. Und woher hat sie meine Visitenkarte?« Eva lehnte sich auf ihrem Stuhl zurück. »Was soll ich denn antworten?«

»Lass sie doch kommen, dann sehen wir ja, was dahintersteckt.«

»Hm ... ich kann ja niemandem verbieten, auf die Insel zu kommen«, sagte sie schließlich und tippte etwas in die Tastatur und drückte auf Senden.

»Da kann ja alles Mögliche dahinterstecken«, meinte Jürgen. »Ich würde mir da mal keine Gedanken machen.«

Eva wollte gerade etwas erwidern, als es schon wieder an ihrem Bildschirm blinkte. »Sie hat schon geantwortet«, sagte sie und öffnete die Nachricht. »Vielen herzlichen Dank, ich werde übermorgen rüberkommen«, las sie vor.

»Das ging ja fix. Als ob sie vor dem PC auf deine Nachricht gewartet hätte.«

»Irgendwie unheimlich, finde ich.« Eva machte ein nachdenkliches Gesicht.

»Erst mal abwarten. Übermorgen wissen wir mehr.«

Da reibt sich einer die Hände

Perfekt. Das lief ja wie geschmiert. Er rieb sich die Hände vor Freude. Übermorgen also würde Saskia schon zu Eva auf die Insel fahren. Er war bestimmt kein Technikfreak, aber dass er jetzt quasi alles mitlesen konnte, was Saskia schrieb, hatte ungeahnte Vorteile.

Jetzt hatte er also noch genügend Zeit, ein paar Sachen zu packen und die nötigen Vorbereitungen zu treffen. Das meiste hatte er sowieso schon bis ins Kleinste durchdacht. Nur der Tag, an dem er endlich zuschlagen konnte, war noch eine von den Variablen gewesen. Übermorgen war es endlich soweit.

In ihm stieg große Vorfreude auf, die sein Blut pulsieren ließ. Bis ihn eine innere Stimme aus den Träumen riss. Wütend schlug er mit der Faust auf den Schreibtisch. Dann klappte er seinen Rechner zu und lief die Stufen hinunter in die Küche.

Mit gemischten Gefühlen

Irgendwie war Saskia ja erleichtert gewesen, als diese Polizistin ihr geantwortet hatte. Auf der anderen Seite saß ihr die Angst und die Verwirrtheit von den letzten Tagen noch in den Knochen. Vielleicht hatte sie überreagiert, als sie sich für einen Besuch auf der Insel angemeldet hatte. Vielleicht war es ja gar nicht die Eva, die sie gekannt hatte. Doch jetzt war es zu spät. Wirklich? Sie konnte doch einfach die Zeit verstreichen lassen. Ihren E-Mail-Account löschen und in eine andere Stadt umziehen. Hier in Verden hielt sie doch sowieso nichts mehr. Ihren Job war sie los. Eine Familie hatte sie nicht. Sie lachte bitter auf. Familie. Für sie ein Fremdwort. Sie hatte schon so viele gescheiterte Beziehungen hinter sich, dass sie nicht mehr an das große Wunder glaubte. Doch das alles spielte jetzt eine untergeordnete Rolle. Jemand hatte es auf sie abgesehen. Und die Polizei vor Ort wollte sie nicht einschalten. Würde man ihr überhaupt glauben, dass sie entführt worden war? Sicher gab es viele Verrückte, die solche haarsträubenden Geschichten erzählten. Saskia wollte nicht eine von denen sein. Es hätte doch alles so schön sein können mit ihrem neuen Leben, mit dem neuen Job. Doch jetzt stand sie wieder vor dem Nichts. Also konnte sie auch auf diese ostfriesische Insel fahren. Vielleicht tat das Gespräch mit der Ermittlerin ja sogar ganz gut.

Und dann stand sie schließlich mit einem Rucksack und einem kleinen Rollkoffer in Bensersiel und löste sich eine Fahrkarte für die Fähre nach Langeoog.
Der Himmel war traumhaft blau und wurde hier und da von ein paar Wolken gestreift. Fast fühlte es sich wie Urlaub an. Die Sommersaisongäste wurden von denen abgelöst, die den Herbst für ein ruhigeres Ausspannen nutzten. Überwiegend reisten Paare im gesetzteren Alter. Und hier und da auch Einzelgäste. Saskia suchte sich einen Fensterplatz und genoss den Anblick des Wassers, das gegen die Bordwand schlug, als die Fähre sich in Bewegung setzte. Sie hatte sich einen Kaffee besorgt und zog ihren Tablet-PC aus dem Rucksack, um ein wenig zu lesen. Neuerdings war sie auf eBooks umgestiegen, was sich als äußerst praktisch erwiesen hatte. Sie schmunzelte in sich hinein. Für einen Moment konnte sie tatsächlich vergessen, was sie eigentlich auf die Insel führte.

Saskia bemerkte nicht, dass ein Mann, der nur drei Tische von ihr entfernt seinen Tee trank, sie nicht eine Sekunde aus den Augen gelassen hatte, seitdem sie in Verden in den Wagen gestiegen war. Natürlich hatte sie nicht gemerkt, dass sie verfolgt wurde. Und doch hatte es den Mann ein wenig gewundert, wie arglos sie nach ihrer Entführung mit ihrem Alltag umging. Wäre es nicht das Naheliegendste gewesen, wenn sie zur Polizei gegangen wäre? Doch es hätte ihm die Sache unnötig erschwert. Insofern war er ihr für ihre Naivität sogar dankbar.

Die Überfahrt dauerte nicht lange. Nicht mal ihren Kaffee hatte Saskia ganz ausgetrunken. Als die Fähre anlegte, setzte sie das erste Mal einen Fuß auf eine ostfriesische Insel. Sie beschloss, zunächst einmal in ihrem Hotel einzuchecken, bevor sie Eva Sturm in der Dienststelle aufsuchte. Noch war genügend Zeit.

***

»Und du meinst nicht, dass ich bei der Begegnung dabei sein sollte?«, fragte Jürgen in den Hörer.

»Nein, wirklich nicht. Es ist doch nur eine Frau, die mich aufsucht«, meinte Eva.

»Tja, das zumindest hat sie geschrieben.«

»Du meinst, es könnte eine Lüge sein?«, fragte Eva erschrocken. Sie hatte noch keinen Moment an der Ehrlichkeit der Nachricht gezweifelt.

»Weiß man's?«

»Hm ... ich bleib dabei. Ich werde mein Handy direkt auf meinen Schreibtisch legen und deine Nummer schon mal öffnen. Für alle Fälle.« Sie lachte in den Hörer.

»Du nimmst mich nicht ernst.«

»Doch, aber es ist ein Treffen am Nachmittag auf einer belebten Insel. Was soll da schon passieren?«

»Das muss ich dir ja wohl nicht erklären.« Er legte auf.

Eva schüttelte den Kopf und lief zum Fenster.

Am Strand fütterte ein älteres Ehepaar ein paar Möwen mit Keksen. Das Bild sah so friedlich aus. Wann würde sie mit Jürgen mal wieder so richtig losgelöst umgehen können? Sie seufzte. Erwachsene machten sich das Leben oft unnötig schwer.

Um sich die Zeit noch ein wenig zu vertreiben, nahm sie sich die Tageszeitung und blätterte darin herum. Doch was darin stand, interessierte sie eigentlich nicht. Sie war in Gedanken sowieso nur noch mit einer Sache beschäftigt. Wie war ihre Visitenkarte an die Frau geraten, die sie gleich aufsuchen würde?

***

Saskia fühlte sich wie im Paradies. Sie hatte ja schon viel von Ostfriesland gehört. Und ihr Hotelzimmer mit der angenehm duftenden Bettwäsche, der wunderbar salzigen Luft, als sie das Fenster öffnete und die Sonne hereinließ, das hob ihre Laune an. Sie war sich sicher, dass sie das dunkle Ereignis ihrer Entführung hier vergessen könnte. Und mit Unterstützung der Polizistin vielleicht umso leichter.

Sie setzte sich auf den schön geschwungenen Korbsessel vorm Fenster und hielt ihre Arme der Sonne entgegen. Dann klingelte ihr Handy und sie zuckte augenblicklich zusammen. Von wegen, sie hatte alles hinter sich gelassen. Mit zitternden Fingern kramte sie in ihrem Rucksack herum und fischte es heraus. Der Anrufer hatte schon wieder aufgelegt, weil es so lange gedauert hatte. Es war eine unterdrückte Nummer, so dass Saskia nicht wusste, wer es gewesen war. Eine Nachricht war auch nicht hinterlassen worden. Und plötzlich fiel alles in ihr zusammen. Es war noch nicht vorbei. Das Zimmer wirkte plötzlich kalt und bedrohlich. Sie machte das Fenster zu und sah sich ängstlich um. Was war, wenn ihr Peiniger ihr hier auf die Insel gefolgt war?

Sie sah auf ihre Armbanduhr. Nur noch eine halbe Stunde, dann war sie mit Eva Sturm in der Dienststelle verabredet. Da konnte sie doch eigentlich auch jetzt schon rausgehen. Sie hielt es in diesem Hotelzimmer einfach nicht mehr aus.

***

Eva sah jetzt schon zum dritten Mal innerhalb von fünf Minuten zur Uhr. Wieso bin ich eigentlich so nervös?, fragte sie sich. Sie hatte eine Kanne Kaffee gekocht und frischen Kuchen von ihrem Lieblingsbäcker besorgt. Aber warum eigentlich? Es handelte sich doch nicht um den Besuch einer Freundin. Sie schüttelte den Kopf und stellte den Kuchen in den Aktenschrank. Wie sah das denn aus, wenn sie eine Hilfesuchende mit Kuchen empfing? Das war doch keine Party.

Sie sah schon wieder auf die Uhr, als die Tür plötzlich aufging. Eine junge Frau steckte zaghaft ihren Kopf herein.

»Frau Sturm?«

Eva kam hinter ihrem Schreibtisch hervor und lief auf die Tür zu. »Ja, kommen Sie doch herein.« Sie hielt der Fremden eine Hand entgegen.

»Saskia Lindner, ich hatte Ihnen eine Mail geschrieben …«

»Ja, ich weiß. Kommen Sie ruhig herein, dann können wir uns unterhalten.« Eva registrierte das schmale Gesicht mit dem zottelig geschnittenen blonden Haar. Sie schätzte die Frau auf Ende dreißig, obwohl sie aufgrund ihrer schlanken Gestalt und in anderer Verfassung sicher auch für gute zehn Jahre jünger durchgehen würde.

Sie setzten sich an Evas Schreibtisch.

»Ihre Mail klang ein wenig ängstlich«, begann Eva, als die junge Frau nichts sagte und sie nur unbeirrt anstarrte. »Wie kann ich Ihnen denn helfen?«

Saskia Lindner faltete ihre Hände und schluckte. »Du erkennst mich nicht, oder?«

Eva runzelte die Stirn. Musste sie diese Frau etwa kennen? Und wenn ja, was wollte sie dann hier von ihr? Vielleicht hatte Jürgen doch recht gehabt und es wäre besser, wenn er dabei gewesen wäre. Sie schielte zu dem Handy, das auf ihrem Schreibtisch lag. Sie hätte jederzeit die Hand danach ausstrecken und die grüne Taste drücken können.

»Ehrlich gesagt nein«, sagte Eva schließlich. »Ich kenne Sie nicht. Sollte ich denn?« Neugierig sah sie die Fremde an.

»Na ja, ich war noch sehr klein und habe mich sicher total verändert«, fuhr Saskia fort. »Aber dich habe ich sofort erkannt, als du mir die Hand gegeben hast.«

Eva wusste immer noch nichts mit diesem Gesicht anzufangen. »Okay«, sagte sie deshalb. »Vielleicht ist es einfacher, wenn Sie mich jetzt mal aufklären.« Ihr Blick wanderte wieder zum Handy und dann zurück zu der Frau, die sie offensichtlich kannte.

»Es war vielleicht ein knappes Jahr«, begann Saskia, »ich war fünf Jahre und du warst so um die zwölf oder dreizehn.«

In Eva arbeitete es fieberhaft. Wo war sie gewesen, als sie dreizehn war?

»Es war bei der Familie Stresel in Wuppertal.«

Wuppertal?

»Wir waren beide von der Familie aufgenommen worden als Pflegekinder.«

Wieso erinnerte sich diese Saskia daran und sie nicht? Schließlich war sie doch die Ältere gewesen.

»Es tut mir leid«, sagte Eva, »Irgendwie stehe ich jetzt auf dem Schlauch.«

»Du guckst genauso wie damals«, lachte Saskia. »Du hast dich kein bisschen verändert.«

Langsam war Eva die ganze Sache peinlich. Das war ja wie Alzheimer.

»Sorry, ist sicher das Alter«, sagte sie und versuchte auch zu lachen.

»Du weißt das echt nicht mehr?«, fragte Saskia jetzt.

Eva schüttelte den Kopf. »Aber wieso können Sie sich denn so genau daran erinnern?«

»Weil ich noch lange Kontakt zu einem Pflegekind der Familie Stresel hatte, auch als ich älter wurde«, sagte Saskia. »Du kannst mich ruhig duzen.«

»Hm ...«, machte Eva. Ihr war die ganze Situation nicht geheuer. »Und ich hatte dann wohl offensichtlich nicht mehr so viel mit der Familie Stresel zu tun, nehme ich an. Wie ... du.«

»Nein. Du bist nach diesem einen Jahr, das du dort verbracht hattest irgendwie verschwunden. Warst wohl wieder in ein Heim gekommen, weil ...«

Eva sah sie neugierig an. Jetzt wollte sie es auch wissen. »Weil was?«

»Nun, es gab wohl irgendwie Schwierigkeiten, so wurde es mir jedenfalls immer erzählt.«

»Schwierigkeiten womit?«

»Mit dir und Robert.«

»Robert?«

»Ja, das war der leibliche Sohn der Stresels. Er war viel älter als wir alle.«

»Aha.« Eva konnte sich an keinen Robert erinnern. Und sie hatte auch keine Lust dazu. Wenn sie es bis jetzt erfolgreich hatte verdrängen können, warum sich dann jetzt damit herumplagen? Aber es war schon komisch, jetzt eine Frau vor sich sitzen zu haben, mit der man einen Teil seiner Kinderzeit verbracht zu haben schien. Wenn die ganze Geschichte denn überhaupt stimmte. Eva hatte nicht vor, ihr die Story so ohne weiteres abzukaufen.

»Weißt du, was mich wundert?«, fragte sie und sah Saskia misstrauisch an.

Diese schüttelte den Kopf.

»Dass du nicht sofort wusstest, dass du mich kennst, als du meine Karte bei dir zuhause gefunden hast. Da hätte dir doch schon auffallen müssen, dass ich es bin. Wenn du dich doch so gut an damals erinnern kannst.« Sie beobachtete Saskia aus zusammengekniffenen Augen und wartete gespannt auf die Antwort.

»Ach das«, sagte Saskia. »Ich wusste nur noch, dass die verzogene Göre Eva Sturm hieß, die mich immer an den Zöpfen gezogen hat.« Sie lachte und ihre Augen sahen ehrlich aus. »Außerdem ist Eva Sturm kein so ungewöhnlicher Name. Es hätte auch jemand ganz anderes sein können.«

Hm. Das konnte eine plausible Erklärung sein.

»Und trotzdem ist es doch komisch, dass meine Visitenkarte ausgerechnet bei dir zuhause lag, oder?«

»Allerdings«, gab Saskia zu.

»Und jetzt wird es doch eigentlich noch komischer, wo wir uns doch offensichtlich von früher kennen.«

Saskia nickte eifrig. »Das kann ich mir auch überhaupt nicht erklären.«

»Und dann ist da noch eine Frage, die mich beschäftigt«, meinte Eva und lehnte sich auf den Schreibtisch.

»Ja?«

»Warum bist du denn hierhergekommen? Ich meine, nur weil irgendeine Visitenkarte, die man sonstwo herhaben könnte, findet, muss man sich doch nicht gleich auf die Reise machen, oder sehe ich das falsch?«

Jetzt war Eva aber gespannt.

»Du hast völlig recht«, gab Saskia zu. »In meiner Wohnung liegt viel Zeugs herum.«

»Ja ... und? Ich höre.« Eva wurde ungeduldig. Da musste doch noch mehr dahinterstecken.

Saskia schluckte, bevor sie weitersprach. »Ich bin entführt worden.« Jetzt war es endlich raus.

»Entführt?«, wiederholte Eva ungläubig. »Von wem entführt? Wann?«

»Vor ein paar Wochen«, sagte Saskia mit trockener Stimme und Eva merkte erst jetzt, dass sie ihr noch gar keinen Kaffee angeboten hatte.

»Kaffee?«, fragte sie deshalb und Saskia nickte dankbar. Eva schenkte ein und kramte auch den Kuchen wieder aus dem Schrank. Doch Saskia winkte ab, als sie ihr diesen hinhielt. Sie nahm nur den Kaffee und tat viel Milch hinein und trank.

»Also«, fuhr Saskia dann fort. »Du musst mich jetzt nicht nach Details fragen, denn ich weiß eigentlich selber nicht genau, was passiert ist. Ich bin in einem dunklen Loch aufgewacht und hatte furchtbare Angst. Ich dachte, er bringt mich um. Doch ... er hat mich gut versorgt, so blöd das auch klingt. Und eines Tages, da konnte ich aus dem Versteck einfach so herausspazieren. Ich bin zu meiner Wohnung ...« Sie konnte nicht weitersprechen und sah fix und fertig aus.

»Und die Polizei in Verden?«, fragte Eva deshalb.

Saskia schüttelte den Kopf.

»Du willst sagen, du warst nicht bei der Polizei!« Eva war fassungslos.

»Nein. Was hätte ich denn sagen sollen?«

»Na, genau das, was du mir eben erzählt hast.«

»Meinst du denn, die hätten mir geglaubt?« Ihre blauen Augen schwammen in Tränen. Plötzlich tat diese Fremde Eva leid.

»Ich weiß es nicht«, sagte sie. »Aber sie hätten doch Untersuchungen anstellen können.«

»Wo denn? Ich wusste doch nicht mehr, wo ich gewesen war.«

»Aber du sagtest doch eben ...«

»Ja. Ich war plötzlich frei und bin nach Hause gelaufen. Aber eines schwöre ich dir, ich würde das

Versteck niemals wiederfinden. Vielleicht war es Panik, Verdrängung oder sonst was. Aber ich kann mich einfach nicht erinnern, wo ich gewesen bin.«

Eva entschloss sich, Saskia jetzt eine Atempause zu gönnen.

Saskia schnäuzte sich und rieb ihre Augen trocken. »Vielleicht war es ein Fehler, dass ich hierhergekommen bin«, sagte sie und leiser Stimme.

»Nein, natürlich nicht«, wiegelte Eva ab. »Und das mit meiner Visitenkarte ist kein Zufall. Da will jemand, dass du zu mir kommst. Aber ich frage mich natürlich, warum eigentlich?«

»Ich kann es mir auch nicht erklären. Und bis ich eben hier zur Tür hereingekommen bin, wusste ich ja auch nicht einmal, ob es nicht vielleicht gefährlich ist, mich dir anzuvertrauen. Ich fühle mich irgendwie total platt. Vielleicht sollte ich lieber in mein Hotelzimmer gehen.« Saskia fühlte sich plötzlich überflüssig und lästig. Ein altbekanntes Gefühl aus der Kindheit, dass sie auch im Erwachsenenalter nie hatte abschütteln können.

»Ich halte es für keine gute Idee, wenn du jetzt alleine bist«, meinte Eva aufrichtig. Vielleicht war sie Saskia auch zu hart angegangen. Diese junge Frau hatte wirklich schon genug durchgemacht. Sie hatte sich entschieden, ihr zu glauben.

»Und was dann?«, fragte Saskia und atmete auf.

»Wenn du Lust hast, dann gehen wir gleich mit Jürgen Pizza essen«, meinte Eva, der langsam der Magen in den Kniekehlen hing.

»Jürgen? Ist das dein Kollege?«

»Könnte man sagen. Er berät mich bei den Fällen.« Eva wollte es bei dieser Erklärung bewenden lassen. Und vielleicht wäre es sogar ganz gut, wenn Jürgen dabei wäre, dann konnte sie Saskia auch in der Unterhaltung mit einer weiteren Person beobachten. »Du kannst ihm genauso wie mir vertrauen.«

»Okay.« Saskia nickte. »Aber ich möchte mich trotzdem noch ein wenig frisch machen. Ich sehe sicher total verheult aus.«

»Ach halb so schlimm. Aber gehe ruhig. Wir könnten uns in einer halben Stunde im Restaurant treffen.« Eva nannte ihr die Adresse und beschrieb den Weg dorthin. Es wären nur ein paar Minuten zu Fuß.

»Na endlich«, stöhnte Jürgen in den Hörer, der schon nach einmaligen Klingeln abgenommen hatte. Offensichtlich hatte er auf Evas Anruf gewartet.

»Du kannst dir nicht vorstellen, was ich hier gerade erlebt habe ...« Eva quetschte sich das Telefon zwischen Schulter und Ohr und räumte die Kaffeetassen weg und schnitt sich ein kleines Stück vom Kuchen ab. Dabei schilderte sie Jürgen in knappen Sätzen, was sich bei ihr in der Dienststelle zugetragen hatte. »Alles Weitere gleich beim Italiener«, schloss sie und legte auf.

Verden

Vor Saskias Wohnung parkte ein Wagen, der keinem weiter auffiel. Ein dunkelblauer BMW erregte niemals Aufsehen. Der Fahrer des Wagens machte sich schon seit über zwei Stunden in der Wohnung der jungen Frau zu schaffen. Ihm gefiel der Einrichtungsstil von Saskia. Die schönen hellen Möbel, die ordentlichen Schränke und die Bücher, die auf dem Holzregal standen, zeugten von gutem Geschmack. Eigentlich schade drum, dachte er. Doch es half ja nichts. Im Badezimmer schob er die Flacons und Badesalze zusammen, deren Aromen in den Badetüchern hingen. Betörend. Ja fast erotisch dachte er, als er sie schließlich in eine große Sporttasche gleiten ließ. Vielleicht sollte er sie nicht entsorgen, sondern mit nach Hause zu sich nehmen als Erinnerungsstücke. Und auch von der feinen Spitzenunterwäsche packte er sich etwas ein. Und dann war da noch ein feines goldenes Kettchen in einer Schmuckschatulle. Er kannte es von früher. Daran hing ein kleines goldenes Herz, das in der Sonne geleuchtet hatte. Er nahm es in die Hand und fühlte, wie leicht es war. Sie würde es vermissen. Fast war er geneigt, seine bisherigen Pläne über den Haufen zu werfen bei dem schmerzenden Gedanken, dass ihr etwas weh tun könnte. So richtig weh. Doch er riss sich zusammen. Ließ das Kettchen in seiner

Jackentasche verschwinden und fuhr mit seinem bisherigen Plan fort.

Beim Italiener

Natürlich fand Jürgen Saskia hübsch. Das hatte Eva sofort an seinen Augen gesehen. Doch in diesem Fall störte es sie überhaupt nicht. Es war merkwürdig, auch wenn sie selber keinerlei Erinnerung an diese junge Frau hatte, so war sie doch ein Teil ihrer eigenen Geschichte. War sogar einmal ihre Pflegeschwester gewesen. Immerhin. Es löste in Eva ein Gefühl aus, das sie schwer beschreiben konnte. Aber irgendwie fühlte sie sich dadurch nicht mehr alleine auf der Welt.

»Ich weiß gar nicht, ob ich überhaupt etwas essen kann«, meinte Saskia, als Jürgen ihr die Speisekarte hinhielt.

»Das unterscheidet uns gewaltig«, lachte Eva, »ich kann eigentlich immer essen. Leider.«

Die Stimmung war auf wundersame Weise gelöst. Und Jürgen war zu Eva so zuvorkommend wie immer, auch wenn er hier und da ein wenig abgelenkt wirkte, wenn er auf Saskias zarte Handgelenke mit den langen Fingern starrte.

»Was ist denn eigentlich mit deinem Arbeitgeber?«, fragte Eva. »Hast du Urlaub für die Reise nach Ostfriesland genommen?«

»Nein, das habe ich ja noch gar nicht erzählt. Mein Entführer hat meine Arbeitsstelle in einer Anwaltskanzlei gekündigt, als er mich gefangen hielt.«

»Unfassbar!« Eva war entsetzt. »Der hat ja wohl alles bis ins kleinste Detail geplant. Und dann lässt er dich so einfach frei. Da passt doch etwas nicht zusammen.«

»Ach ... deshalb war ich ja auch so froh, dass ich da weg konnte«, sagte Saskia ehrlich. »Ich bekam einen Brief von meinem Chef, in dem er mir erklärte, wie leid es ihm täte, dass ich so plötzlich gekündigt hätte. Ich hätte mich da nie wieder hingetraut. Wie hätte ich das denn alles erklären sollen?«

»Kann ich nachvollziehen«, mischte sich Jürgen ein. »Scheint ein ziemlich kranker Typ zu sein. Und Sie sind sicher, dass er Sie jetzt in Ruhe lässt?«

Eva schüppte ihn unterm Tisch gegen das Bein.

»Ich meine«, sagte er schnell, »offensichtlich wollte er wohl nicht, dass Sie weiter dort arbeiten.«

»Saskia, wir werden so lange an der Sache dran bleiben, bis wir den Kerl geschnappt haben«, versicherte Eva. »Mach dir keine Sorgen.« Jürgen warf sie noch einen bösen Blick zu. Wie hatte er denn bloß so dumm sein können, ihr auch noch zusätzlich Angst zu machen. Männer. So sensibel wie ein Stück Holz.

»Schon gut Eva«, versicherte Saskia. »Ich weiß ja, dass die Sache noch nicht ausgestanden ist. So etwas macht doch keiner nur zum Spaß. Dieser Typ will etwas von mir. Er macht mir Angst.«

Eva legte ihr eine Hand auf die Schulter. »Wir kriegen das schon hin. Jetzt lass uns erst mal bestellen.«

Eva hatte gemischte Gefühle, als sie Saskia mit Jürgen bei ihrem Hotel ablieferte. Doch sie wollte die Angst der jungen Frau nicht noch mehr schüren und wünschte ihr trotz allem eine gute Nacht.

»Wir treffen uns morgen zum Frühstück in der Dienststelle«, sagte sie und winkte Saskia noch einmal zu, als diese im Fahrstuhl verschwand.

»Und was machen wir jetzt?«, fragte Jürgen.

»Wir? Ich glaube, du hast heute schon genug angerichtet«, meinte Eva müde.

»Du bist deswegen immer noch sauer auf mich?«, jammerte Jürgen. »Aber in Wirklichkeit habe ich doch recht damit, dass sie immer noch in Gefahr sein könnte.«

»Natürlich hast du recht. Dieser Kerl hat irgendwas vor. Und es würde mich gar nicht wundern, wenn er Saskia hierher folgt.« Misstrauisch sah sie sich um. »Deshalb habe ich dir auch schon ein Zimmer hier reserviert.«

»Was?«, fragte er erschrocken. »Ich soll hier schlafen?«

»Nein, eigentlich nicht. Ich setze vielmehr darauf, dass du die ganze Nacht die Augen offenhältst, damit Saskia nichts passiert.«

»Du bist ja witzig.«

»Dafür bin ich bekannt.« Sie lachte. »Hier ist der Zimmerschlüssel. Gleich neben Saskia. Warte dann noch fünf Minuten, bevor du auch nach oben gehst. Und ruf mich an, wenn du was Auffälliges hörst. Ich werde draußen die Augen offen halten.« Sie gab ihm einen angedeuteten Kuss auf die Wange und verschwand Richtung Ausgang.

Das Frühstück

Langsam wurde Eva ungeduldig. Gleich war es halb zehn. Und eigentlich hatte sie mit Jürgen vereinbart, dass er mit Saskia um kurz nach neun hier sein sollte. Alles war vorbereitet, der Tee war fertig. Sie hatte frische Brötchen und Käse geholt. Wo blieben die beiden nur?

Schließlich hielt sie es nicht mehr aus und griff zum Handy. Verschlafen ging Jürgen nach viermaligem Klingeln ran.

»Schläfst du etwa noch?«, schimpfte Eva in den Hörer.

»Wie spät ist es denn ...?«, kam es schlaftrunken vom anderen Ende.

»Es ist gleich halb zehn. Ihr wolltet um neun Uhr hier sein!«

»Oh, sorry, ich muss wohl wirklich eingenickt sein. Aber ich schwöre, ich war bis vier Uhr auf.« Jürgen war jetzt hellwach und schämte sich.

»Schon gut. Klopf bitte an Saskias Tür und bring sie mit. Ich gebe dir fünfzehn Minuten.« Sie legte auf. Dass man sich auch auf niemanden außer sich selbst verlassen konnte. Doch sie wusste, dass das gemein war. Sie wäre sicher auch eingeschlafen. Aber er hätte sich wenigstens einen Wecker stellen können, der Dussel.

Nervös setzte Eva sich an ihren PC. Bis die beiden da waren, könnte sie ja noch ihre E-Mails checken.

Wild wurde die Tür aufgerissen, so dass Eva an ihrem Schreibtisch aufschreckte.

»Sie ist weg!«, rief Jürgen atemlos. Offensichtlich war er gerannt wie der Teufel.

»Was soll das heißen, sie ist weg?!«, schrie Eva und sprang auf.

»Sie war nicht auf ihrem Zimmer. Eva, es tut mir so leid, dass ich eingeschlafen bin.«

»Das darf doch alles nicht wahr sein! Du solltest jetzt schon mal beten, dass ihr nichts passiert ist. Hast du denn auch unten im Hotel im Frühstücksraum nachgesehen? Es könnte doch sein, dass sie einen Kaffee getrunken hat.«

Jürgen stand im Türrahmen. Seine Schultern hingen herab. »Natürlich habe ich da nachgesehen. Ich habe das ganze Hotel auf den Kopf gestellt. Aber sie war nirgends zu finden.«

»Und ihre Sachen?«

»Die sind da. Ich bin mit einem Hotelangestellten rein.«

»Das gibt es doch gar nicht. Wir müssen sie unbedingt finden. Los, lauf du den Strand ab und ich guck mich im Ort um. Hoffentlich ist nichts passiert.« Eva zitterten jetzt die Knie. Jürgen kam auf sie zu und wollte ihr zum Trost seine Hand auf die Schulter legen. Doch sie zog diese demonstrativ weg.

Dann verließen sie in unterschiedlicher Richtung die Dienststelle.

Es war über eine Stunde ergebnisloser Suche vergangen, als Jürgen und Eva sich schließlich bei der Dienststelle wieder einfanden.

»Sie ist wie vom Erdboden verschwunden«, sagte Eva matt. Ihre Stimme klang, als sei sie den Tränen nahe.

»Ich habe die ganze Insel durchkämmt, am Strand ist sie nicht«, sagte Jürgen bedrückt.

»Im Hotel war ich auch noch mal«, fuhr Eva fort. »Nichts. Ich habe ein ganz schlechtes Gefühl …« Sie hatte den Satz noch nicht zu Ende gesprochen, als ihr Handy klingelte. Sie hörte eine Weile zu, dann lehnte sie sich matt an die Wand und legte auf. »Man hat eine Tote gefunden«, sagte sie tonlos.

»Eine Tote?«, wiederholte Jürgen. »Wo?«

»Am Strand. Da, wo du stundenlang gesucht hast …«

»Aber …«

»Lass gut sein. Sie war offensichtlich in einem Strandkorb, der verschlossen war. Urlauber, die diesen gemietet hatten, haben sie entdeckt.«

»Und jetzt?«

»Jetzt müssen wir gucken, ob es Saskia ist. Aber die Beschreibung passte schon verdammt gut.«

Die beiden gingen wortlos zum Strand.

Als sie bei dem Strandkorb ankamen, hatte sich bereits eine Menschentraube versammelt. Fassungslos stand das ältere Ehepaar, das den Strandkorb gemietet hatte, etwas abseits und hielt sich bei den Händen.

»Es war ihr Strandkorb?«, fragte Eva, die von einer Schaulustigen erfahren hatte, dass es um die beiden ging.

»Ja«, sagte der Mann. »Wir wollten uns eigentlich einen schönen Tag machen ...« Seine Frau schluchzte.

»Und dann haben Sie den Strandkorb geöffnet und die Tote entdeckt?« Ihr Blick wanderte zu dem Strandkorb herüber. Jemand hatte offensichtlich eine Decke über die Tote gelegt. Vielleicht sogar das Ehepaar. Das konnte wertvolle Spuren kaputtmachen.

Der Mann nickte.

»Haben Sie die Tote angefasst?«, fragte Eva.

Der Mann sah sie irritiert an. »Nein«, antwortete er. »Ich habe nur die Decke beiseitegeschoben, weil es nicht unsere war. Und dann habe ich gesehen, dass da etwas nicht stimmt mit der Frau.«

»Es ist also nicht ihre Decke, die über der Toten liegt?«

Der Mann schüttelte den Kopf.

Komisch, dachte Eva. Welcher Mörder legte denn eine Decke über sein Opfer?

»Ist Ihnen sonst noch etwas auffällig vorgekommen?«, fragte sie weiter. »Außer der Decke und der Toten, meine ich.«

»Nein«, sagte der Mann. »Aber uns hat das auch schon gereicht.«

»Und die Tote? Ist Sie Ihnen bekannt?«

Der Mann und seine Frau schüttelten die Köpfe. »Nein, wir kennen sie nicht«, sagte er für beide.

»Gut, dann können Sie jetzt in Ihr Hotel gehen.«

Eva wandte sich wieder Jürgen zu. »Dann wollen wir mal.«

Sie gingen zum Strandkorb. Eva zog mit spitzen Fingern an der roten Decke, um das Gesicht der Toten besser zu sehen.

»Es ist Saskia, kein Zweifel«, sagte sie, und ließ die Decke wieder fallen. »Ich werde Ole anrufen. Er muss uns helfen.«

Nachdem Eva das Telefonat mit dem Gerichtsmediziner erledigt hatte, schlich sie um den Strandkorb herum.

»Keine auffälligen Spuren«, meinte sie und legte nachdenklich den Kopf zur Seite. »Offensichtlich ist sie noch selber hierher gelaufen oder wurde vom Täter getragen, als sie schon tot war.«

»Das alles muss nach vier Uhr passiert sein«, sagte Jürgen, »ich schwöre dir, so lange war ich wirklich wach. Ich hätte doch gehört, wenn sie ihr Zimmer verlassen hätte.«

»Hm ... warum sollte sie dann praktisch im Morgengrauen jemandem die Tür öffnen? Da würde doch jeder skeptisch sein. Und überhaupt nach allem, was ihr passiert war.«

»Oder sie hat den Täter gekannt.«

»Könnte sein. Aber das erklärt immer noch nicht, warum er sie dann in aller Herrgottsfrühe aufgesucht haben soll.«

»Du hast recht. Wahrscheinlich habe ich es einfach nicht gehört«, gab Jürgen sich geschlagen.

»Komm, gib dir nicht die Schuld daran. Es kann ja auch sein, dass Saskia sich einfach aus dem Zimmer geschlichen hat, um sich noch ein wenig zu amüsieren.« Eva wollte nicht, dass er sich schlecht fühlte.

»Das halte ich für verdammt weit hergeholt«, wandte Jürgen ein. »Du darfst nicht vergessen, dass sie eine Entführung hinter sich hatte.

So jemand geht bestimmt nicht auf die Piste, um mit fremden Männern anzubandeln.«

»Du hast recht«, gab Eva zu. »Bestimmt hatte Saskia noch andere Geheimnisse, von denen sie uns leider nichts verraten hat.«

»Oder es kam nicht mehr dazu. Vielleicht wollte der Täter genau das verhindern, dass sie uns alles sagt.«

Eva lehnte sich an einen weiteren Strandkorb und sah auf ihre Armbanduhr. »So langsam könnte Ole aber kommen.«

Es dauerte noch ein Weilchen, bis sie den Gerichtsmediziner Ole Meemken am Strand entlang laufen sahen.

»Da ist er«, sagte Jürgen und Eva lief ihm auf halbem Weg entgegen.

»Moin Eva, hat ein bisschen gedauert«, sagte Ole, »da war noch jemand, der wieder ins Kühlfach musste.«

»Schon gut«, sagte Eva und schilderte kurz, was sie bisher mit Saskia erlebt hatte.

»Du kanntest die Tote von früher?«

»Na ja, ehrlich gesagt konnte ich mich nicht mehr so genau an sie erinnern.« Ihr wurde es jetzt bewusst, dass sie einen Menschen aus ihrer Vergangenheit für immer verloren hatte. Und wenn sie es genau überlegte, kam ihr das ganz gelegen. Sie hatte keinen großen Spaß daran, sich mit ihrer Kindheit zu beschäftigen.

»Ist ja echt ein Ding, dass sie gerade jetzt bei dir auftaucht und kurz darauf ermordet wird.« Ole war beim Strandkorb angekommen und zog die rote Decke beiseite. »Sieht aus, als ob sie schlafen würde«, meinte er. Vorsichtig legte er die Decke weg und untersuchte die Leiche. »Auf den ersten Blick keine Gewalteinwirkung von außen.«

»Vielleicht wurde sie vergiftet«, sagte Jürgen.

»Könnte sein …«, erwiderte Ole Meemken.

Eva zog ihre eigenen Schlüsse. »Vielleicht hat er ihr auch die Decke so lange aufs Gesicht gehalten, bis sie nicht mehr geatmet hat.«

»Das werde ich rausfinden«, sagte Ole. »Wenn die Spurensicherung hier fertig ist, werde ich sie in Oldenburg auseinandernehmen.«

»Okay«, sagte Eva, die mit ihrem Handy ein paar Fotos geschossen hatte. »Wir kümmern uns dann um ihre Sachen und versuchen, irgendwelche Freunde oder Bekannte aufzutreiben.«

Eva und Jürgen verabschiedeten sich und liefen Richtung Hotel.

Als der Hotelangestellte ihnen die Tür zu Saskias Zimmer aufschloss, dachte Eva zunächst, er hätte sich in der Zimmernummer geirrt. Das Bett war gemacht und es standen keine Dinge in dem Raum, die darauf hindeuteten, dass jemand dieses Zimmer bewohnte.

»Sie sind sicher, dass dies das richtige Zimmer ist?«, fragte Eva nachdrücklich.

Der Hotelangestellte nickte irritiert.

»Doch, das ist das richtige Zimmer«, versicherte Jürgen, »ich war ja nebenan.«

»Aber wo sind dann ihre Sachen?« Eva wurde immer nervöser.

»Ich weiß es nicht.« Der Hotelangestellte hob abwehrend die Hände. »Niemand vom Personal hat dieses Zimmer betreten, seitdem wir erfahren haben, dass die junge Frau tot ist.«

»Dann ist er hier gewesen«, flüsterte Eva Jürgen zu. »Bitte lassen Sie uns einen Moment allein«, bat sie den Angestellten, der sich lautlos entfernte.

»Was machen wir jetzt?« Jürgen setzte sich auf die Bettkante.

Eva zuckte mit den Schultern. »Ich weiß es nicht. Aber die Sache wird immer mysteriöser.« Sie ließ sich neben Jürgen aufs Bett fallen.

»Wenigstens wissen wir ihren Namen«, meinte Jürgen.

»Und die Adresse«, ergänzte Eva. »Es nützt nichts, wir müssen nach Verden fahren.«

Belauscht

Das läuft ja alles wie am Schnürchen, dachte er belustigt. Jetzt würde diese einfältige Ermittlerin also die Insel verlassen und er konnte die weiteren notwendigen Vorkehrungen treffen. Es war so leicht gewesen mit Saskia. Er hatte ihre Angst am Telefon gespürt. Doch dann, als sie erkannte, dass er kein Fremder war, fiel ihr ein Stein vom Herzen. Dass Frauen auch immer so naiv sein mussten. Sie hatte es ihm nicht schwer gemacht und sich mit ihm in der Hotelbar getroffen. Zu einem späteren Spaziergang am Strand war sie leicht zu überreden gewesen. Sie hatte nicht einmal gefragt, warum er ausgerechnet jetzt auf Langeoog war. Eigentlich war es ein Wunder, dass es sie noch nicht eher erwischt hatte. Nachdenklich horchte er in sich hinein und genoss das Frühstück auf seinem Hotelzimmer. Er tat das Richtige. Irgendjemand musste doch schließlich allen Mut zusammennehmen.

Bald war es schon Mittag. Doch er hatte ja alle Zeit der Welt.

Auf Ermittlungsfahrt

Eva und Jürgen hatten sich dafür entschieden, für die Fahrt nach Verden den alten Opel von Klara zu nutzen. Und auch ein paar Sachen hatten sie eingepackt, da sie vermutlich in Esens übernachten würden, bevor sie auf die Insel zurückfuhren.

Jürgen hatte kaum ein Wort gesagt, seitdem sie am Morgen auf die Fähre gegangen waren. Eva beäugte ihn aus dem Augenwinkel. Er sah schlecht aus. Ob das mit ihr zusammenhing? Von schlechter Stimmung in der Touristinfo hatte er jedenfalls nichts gesagt. Gestern Abend war er irgendwie besser drauf gewesen. Vielleicht plagte ihn noch immer das schlechte Gewissen, an Saskias Tod mitschuldig zu sein. Und im Prinzip war das ja auch so.

Erst, als sie sich in Bensersiel ein Taxi nach Esens nahmen, taute er langsam auf.

»Ich finde es irgendwie schade, dass du mir nicht eher von Saskia erzählt hast«, sagte er, als sie im Fond saßen.

»Wie bitte?« Eva glaubte, nicht richtig zu hören. »Du weißt doch, dass ich mich selber kaum an sie erinnern konnte. Ich weiß wirklich nicht, was das jetzt soll.« Sie verschränkte demonstrativ die Arme vor dem Bauch.

Jürgen sah aus dem Fenster auf seiner Seite.

»Wieso beschäftigt dich eigentlich meine Vergangenheit so sehr?«, fragte Eva schließlich und sah auf seinen Hals, an dem sein Adamsapfel auf und ab hüpfte.

Dann sah Jürgen sie an. »Es ist ja nicht deine Vergangenheit, die mich so sehr interessiert. Es ist einfach die Tatsache, dass du mich immer wieder außen vor lässt.«

Was sollte das jetzt wieder? Gab es nicht wichtigere Dinge im Moment als verletzte Männerseelen?

»Jürgen, lass uns das besprechen, wenn wir diesen Fall gelöst haben«, schlug sie zur Güte vor.

»Klar. Und dann wird wieder gemauert. Das haben wir alles schon durch.« Jürgen sah wieder weg. Langsam kroch Wut in ihr hoch.

Doch da sie keinen großen Streit vor dem Taxi-Fahrer provozieren wollte, atmete sie tief durch und sagte nichts mehr, bis sie in Esens in Klaras Wohnung angekommen waren.

»Heute Abend können wir ja in dem netten Lokal essen, wo wir das letzte Mal waren«, sagte Eva, als sie ihre Tasche in Klaras Schlafzimmer abgestellt hatte.

»Warum nicht ...«, antwortete Jürgen, ohne sie anzusehen.

Das konnte ja heiter werden.

»Wollen wir gleich losfahren?« Eva hatte ihre Jacke noch nicht ausgezogen.

»Umso eher sind wir wieder hier.«

Sie gingen zum Wagen. Jürgen setzte sich hinters Steuer.

Eva sah während der Fahrt aus dem Fenster. Sie hatte das Gefühl, dass die nächsten Tage oder Wochen über ihre weitere Zusammenarbeit entscheiden würden. Jürgen wurde immer komischer. Selbst zu Anfang ihres Kennenlernens schienen sie sich näher gewesen zu sein als jetzt, nachdem sie schon so viel durchgemacht hatten. Irgendwie war Jürgen wie verwandelt, seitdem er wusste, dass sie ihn angelogen hatte. Aber war das wirklich so schlimm gewesen? Jedem stand schließlich eine Privatsphäre zu. Und wenn sie selber schon solche Probleme mit ihrer Vergangenheit hatte, dass sie am liebsten alles vergessen hätte, warum glaubte er dann, dass er ein Anrecht auf die ganze Wahrheit hatte? Genau das würde sie ihm heute Abend beim Essen noch einmal deutlich vor Augen führen. Der Verkehr auf der Autobahn rollte im Fluss dahin und Eva fiel irgendwann in einen leichten Schlaf.

Erst, als Jürgen an einer Tankstelle hielt, wachte sie wieder auf.

»Sind wir schon da?«, fragte sie verwirrt und rieb sich über die Augen.

»Nein, dauert noch eine gute halbe Stunde. Aber ich muss tanken.« Jürgen stieg aus und hängte den Zapfhahn in die Tanköffnung. Währenddessen lehnte er sich an den Wagen und verschränkte die Arme. Sein Blick schien ins Leere zu laufen. Er war immer noch nicht besser drauf. Wenn Eva eines jetzt nicht gebrauchen konnte, dann waren es private Probleme. Warum konnte nicht alles so unbeschwert sein wie sonst? Ob Jürgen sich einfach nicht traute, ihr zu sagen, dass er nichts mehr mit ihr zu tun haben wollte? Dieser Gedanke versetzte ihr einen Stich. Wen hätte sie dann auf Langeoog noch?

Es klackte und Jürgen schraubte den Tankdeckel wieder zu. Dann lief er in das Gebäude, um zu zahlen. Besser, sie stellte sich wieder schlafend, wenn die Fahrt weiterging.

Als Jürgen einstieg, sah er zu ihr herüber und schüttelte den Kopf. Doch das sah sie nur durch einen kleinen Schlitz ihres Auges und durch ihre Armbeuge hindurch. Sie hatte es genau gesehen. Doch sie würde es für sich behalten.

»Hier müsste es gleich sein«, sagte Jürgen, als er den Wagen in eine kleine Seitenstraße steuerte.

»Die Wohnung von Saskia?«, fragte Eva und tat, als sei sie gerade aus einem Nickerchen aufgeschreckt. »Das ging ja schnell.«

Jürgen parkte den Wagen am Straßenrand, denn die Wohnung schien keine eigenen Parkplätze zu haben.

Sie stiegen aus und Eva hielt ihre Hand schützend über ihre Augen. Die Sonne stand jetzt hoch am Himmel und es deutete sich ein schöner Altweibersommer an. »Die Wohnung da oben, die müsste es sein«, sagte sie und Jürgen nickte.

»Und wie sollen wir da jetzt reinkommen?«, fragte er pragmatisch.

»Wir fragen einfach bei den Nachbarn«, sagte Eva. »Meistens hat ja irgendjemand einen Schlüssel, um die Blumen zu versorgen. Und wenn nicht, dann wird es einen Hauswart geben.«

Sie drückte auf mehrere Klingeln und irgendwann hörten sie einen Summer und Eva drückte die Tür auf.

Im Hausflur war es dunkel, wie so oft in alten Bauten. Sie stiegen die abgewetzten Stufen hinauf bis in den ersten Stock. Dort blieb Eva vor der Tür stehen, wo sie Saskias Wohnung vermutete.

»Komisch«, sagte sie, als sie auf das Schild starrte. »Da steht gar nicht Lindner.«

»Echt nicht?« Jürgen beugte sich herunter. »Stimmt. Da steht Brückner. Vielleicht hat sie schon mal so geheißen, als sie verheiratet war.«

»Könnte sein.« Eva sah sich argwöhnisch um. Sie spürte förmlich den Blick eines Augenpaares, das sie durch den Spion in der Wohnung gegenüber ins Visier genommen hatte. Sie ging an die Tür und klingelte dort, wo der Name Feldmann auf dem Schild stand. Es wurde nach einigen Sekunden aufgemacht. Eine ältere Dame steckte misstrauisch ihre Nase in den Flur.

»Guten Tag«, sagte sie. »Wie kann ich helfen?«

»Mein Name ist Eva Sturm. Ich bin Ermittlerin auf Langeoog. Ich wollte eigentlich in die Wohnung von Frau Lindner.«

»Aha. Ich glaube, die ist verreist«, sagte die Frau, die sich nach der Erwähnung des Titels schon sichtlich wohler fühlte.

»Sie haben recht«, sagte Eva. »Hat sie sich von Ihnen verabschiedet?«

Die Frau schüttelte den Kopf und trat einen Schritt weiter in den Flur. »Nein, das hat sie nicht. Aber ich habe sie schon länger nicht gesehen, darum ging ich davon aus.«

»Und Sie haben einen Schlüssel zu der Wohnung, nehme ich an«, schoss Eva ins Blaue.

Die Frau nickte. »Aber ich war nicht in der Wohnung, das schwöre ich. Wenn ich keinen konkreten Auftrag erhalte, dann schnüffle ich nicht in anderer Leuts Sachen.«

»Das glaube ich Ihnen gerne«, sagte Eva beschwichtigend. »Es ist nämlich so, dass Frau Lindner ermordet worden ist.«

Die Frau machte einen Satz zurück und hielt sich vor Schreck die Hand vor den Mund. »Wirklich?«

Eva nickte. »Ja, leider. Sie wurde gestern am Strand von Langeoog gefunden. Und Sie wussten nicht, dass sie dorthin fahren wollte?«

Die Frau schüttelte wieder den Kopf. Ihr Gesicht war jetzt kalkweiß. »Sie ist doch schon so lange weg ...«, sagte sie und hielt sich am Türrahmen fest.

»Möchten Sie sich vielleicht lieber setzen?«, fragte Eva teilnahmsvoll. »Wir könnten uns auch in Ihrer Wohnung weiter unterhalten.«

Die Frau nickte und lief in eine hell eingerichtete Küche voraus.

»Setzen Sie sich doch«, sagte sie. »Möchten Sie vielleicht einen Kaffee? Ich könnte einen brauchen auf den Schrecken.«

»Ja gerne.« Eva und Jürgen setzten sich an den Tisch und sahen der Frau dabei zu, wie sie die Maschine befüllte. Eine getigerte Katze lag auf einem alten Stuhl und linste gelangweilt zu ihnen herüber.

»Es wundert uns ein wenig, dass der Name Brückmann auf der Klingel steht«, sagte Eva. »Wir haben Saskia unter dem Namen Lindner kennen gelernt.«

»Brückmann?«, wiederholte die Frau. »Das verstehe ich nicht.«

»Sie kennen Sie also auch nur unter dem Namen Lindner?«

»Ja. Saskia Lindner, das ist ihr Name.« Die Frau sah irritiert von einem zum andern und schenkte schließlich Kaffee ein.

Eva warf Jürgen einen vielsagenden Blick zu.

»Wie lange haben Sie Frau Lindner denn schon gekannt?«

»Seitdem sie hier eingezogen ist«, sagte die Frau. »Das war vor ziemlich genau zwei Jahren. Ich weiß das noch so gut, weil mein Enkel um diese Zeit Geburtstag hat.«

»Dann wissen Sie doch sicher auch ein wenig über das Privatleben von Frau Lindner, nehme ich an.« Eva trank von ihrem Kaffee und sah die alte Dame neugierig an.

»Wie gesagt, ich bin keine Tratschtante«, wehrte die Frau ab. »Wir haben uns immer freundlich gegrüßt und ab und zu ein wenig über das Wetter ausgetauscht.«

»Und trotzdem hat Ihnen Frau Lindner ihren Wohnungsschlüssel anvertraut«, beharrte Eva darauf, dass da noch mehr sein musste.

»Na ja, jeder braucht doch jemanden, der nach dem Briefkasten schaut, wenn man nicht da ist. Das würde doch sonst nur Diebe und Gesindel anlocken, wenn der überquillt. Sieht man immer wieder im Fernsehen bei Aktenzeichen XY.«

»Das stimmt. Heutzutage kann man nicht vorsichtig genug sein. Und trotzdem hat Frau Lindner Sie in diesem Fall wohl nicht informiert. Kennen Sie denn vielleicht auch ein paar Freunde oder Bekannte von Frau Lindner?«

Die Frau schüttelte den Kopf. »Die Saskia hat sehr zurückgezogen gelebt. Ich kann mich gar nicht daran erinnern, dass da jemals jemand vorbeigekommen wäre. Ab und zu, da hat sie auch mal Kaffee bei mir getrunken, so wie Sie.«

Okay, dachte Eva. Hier kam sie jetzt wohl nicht weiter. Und es brannte ihr unter den Fingernägeln, jetzt endlich in die Wohnung von Saskia zu kommen.

Die Frau, die auch froh zu sein schien, dass das Verhör jetzt beendet war, händigte ihr den Schlüssel gerne aus.

Als Erstes lief Eva in das Schlafzimmer von Saskia. Es war die erste Tür gleich rechts neben dem Eingang. Es sah alles so ordentlich aus. Das Bett war gemacht und es lag nicht ein Kleidungsstück herum. Sie öffnete eine Schranktür und schrak zurück. Alles leer. Das konnte doch nicht sein. Saskia hatte ganz bestimmt nicht alles mitgenommen, als sie nach Langeoog gereist war. Dann riss Eva auch die Schubladen der Kommode auf. Alles leer. Hier war nichts, dass auf Saskia hindeutete.

»Eva, komm mal schnell!«, rief Jürgen. Er war ins Wohnzimmer gegangen und stand jetzt neben einem Schreibtisch, als Eva zu ihm kam.

»Was ist?«, fragte sie.

»Hier liegt ein Brief, der an eine Sandra Brückmann gerichtet ist.« Er hielt das Couvert hoch.

»Was?« Eva war schnell neben ihm und starrte auf den Umschlag. »Das kann doch nicht sein. Und im Schlafzimmer sind überhaupt keine Sachen.«

»Keine Sachen?«, wiederholte Jürgen.

»Na ja, kein Strumpf und keine Bluse. Einfach nichts. Die Schränke sind leergefegt.«

»Und der Brief hier ist gar nicht abgestempelt«, sagte Jürgen, »das sehe ich jetzt erst.«

Eva riss ihm den Umschlag aus der Hand. »Da stimmt doch was nicht. Es kann doch auch nicht sein, dass wir in der falschen Wohnung sind. Die nette Dame von nebenan kannte Saskia ja.« Sie öffnete den Umschlag und zog den Brief heraus. Es stand nichts weiter darauf als der Name Sandra Brückmann.

»Hm ...«, machte Jürgen.

Eva ging hinter den Schreibtisch und riss die Schubladen auf. Es lagen allerlei alte Zeitungen darin, aber nichts, was auf eine Person hindeuten könnte, die hier in der Wohnung gelebt hatte oder vielleicht sogar noch lebte.

Und auch in der Küche war nichts. Es stand zwar Geschirr im Schrank, doch der Kühlschrank war leer.

»Es ist so, als habe Saskia hier nie gelebt«, flüsterte Eva und sah Jürgen eindringlich an.

»Ob wir nochmal zu der Frau nach nebenan gehen sollten?«, meinte er.

»Vielleicht keine schlechte Idee«, antwortete Eva und lief in den Flur voraus. Doch als sie an der Wohnung gegenüber auf die Klingel drückte, machte niemand mehr auf.

»Das ist ja richtig unheimlich«, sagte Jürgen. »Was machen wir denn jetzt?«

Eva zuckte mit den Schultern. »Ganz ehrlich ... ich habe keine Ahnung. Aber ich habe das dumpfe Gefühl, dass uns hier jemand ganz gehörig an der Nase herumführt.«

Eva hatte entschieden, dass es noch zu früh sei, wieder nach Hause zu fahren. Sie wollte noch einmal zur Stadtverwaltung fahren, um sich nach Saskia Lindner und einer gewissen Sandra Brückmann zu erkundigen.

»Das kann doch nicht wahr sein, dass die jetzt schon geschlossen haben«, schimpfte sie, als sie bei der Behörde vor verschlossenen Türen standen. »So ein Leben möchte ich auch mal haben.«

»Dann bleiben wir am besten in Verden«, schlug Jürgen vor, »und morgen früh versuchen wir es hier noch einmal.«

»Hm ... das passt mir zwar nicht, aber auf der anderen Seite bleibt uns wohl nichts anderes übrig. Und ich habe nichts für eine Übernachtung eingepackt, so ein Mist.«

»Es ist ja sicher nur bis morgen. Und Zahnbürsten wird man hier auch irgendwo kaufen können.«

Sie suchten sich ein nettes Hotel in der Innenstadt und danach wollte Eva noch einmal in Saskias Wohnung. Den Schlüssel hatte sie ja noch. Doch auch bei der zweiten Begehung fiel das Ergebnis nicht anders aus. Es gab nicht die geringste Spur von Saskia. Und auch die Frau von nebenan machte immer noch nicht auf.

»Da braut sich was zusammen«, raunte Eva, als sie die Tür zu Saskias Wohnung hinter sich ins Schloss fallen ließ. »Und ich glaube nicht, dass mir die Sache schmeckt.«

»Apropos«, hakte Jürgen sofort ein. »Wir haben schon lange nichts mehr gegessen.«

Eva lachte. »Dann lass uns doch in der Innenstadt ein nettes Lokal suchen.«

In Verden

Der gestrige Abend war äußerst harmonisch zu Ende gegangen. Die dunklen Wolken vom Morgen waren wie weggeblasen gewesen. Vielleicht wurde Jürgen einfach nur alt und launisch, dachte Eva amüsiert, als die ersten Sonnenstrahlen in ihr Zimmer trafen. Sie räkelte sich. Die Bettdecke war so dick und doch ganz leicht. Sie würde sich für Zuhause auch mal nach etwas Neuem umsehen. Irgendwo hatte sie mal gelesen, dass der Mensch eine ganze Menge Zeit im Bett verbrachte und die Einrichtung dieses Ortes oft schmählich vernachlässigte. Auf sie traf diese Diagnose auf jeden Fall zu. Wann hatte sie sich das letzte Mal überhaupt neue Bettwäsche gekauft? Die roten Streifen aus dem Bezug waren schon so verwaschen, dass sie nur noch rosa aussahen. Nein, daran wollte sie jetzt nicht denken. Sie kuschelte sich noch einmal in die Decke und wäre fast wieder eingenickt, als sie Stimmen vor ihrem Fenster hörte. Es war schon lustig, wenn die Menschen vor dem Bett quasi spazieren gingen, dachte sie und drehte sich aus den Federn.

Beschwingt lief sie ins Bad und freute sich schon auf das gemeinsame Frühstück mit Jürgen.

Als sie nach unten kam, erwartete er sie bereits im Frühstücksraum. Auch er schien bester Laune zu sein. Ob es auch an der Bettwäsche lag? Sie stellte sich vor, wie er sich darin wälzte. Schlief er eigentlich nackt? Ihr stieg Hitze ins Gesicht und sie spürte, wie sie dunkelrot anlief.

»Komm Eva, der Kaffee schmeckt hier ganz hervorragend«, lockte Jürgen. Zum Glück konnte er keine Gedanken lesen. »Hast du auch so gut geschlafen wie ich?«

Eva nickte als Antwort und setzte sich zu ihm. »Doch doch ...« Sie schenkte sich Kaffee ein und holte sich vom Büffet ein Brötchen, Käse und eine Schale frischen Joghurt mit Obst.

»Heute geht's also noch mal zur Stadtverwaltung«, sagte Jürgen und schob sich eine Scheibe Kochschinken in den Mund. Natürlich ohne Brötchen.

»Ja. Hoffentlich kommen wir da heute weiter«, meinte Eva und sah auf Jürgens Finger, die vor Fett glänzten. Dass ihn das nicht störte, wunderte sie. Er nahm nicht einmal eine Serviette. Männer. Sicher wischte er sich zur Krönung gleich noch einmal mit den Fettfingern über seinen Pullover.

»Ist was?«, fragte Jürgen, der ihren bohrenden Blick bemerkte.

»Nein nein, ich denke nur nach.«

Und dann passierte es tatsächlich. Eva sah auf den Ärmel, der jetzt im Licht der großen Lampe über dem Tisch schimmerte. Ekelhaft.

»Willst du denn auch die Kollegen hier vor Ort zu Rate ziehen?«, fragte Jürgen und schnappte sich eine Scheibe Käse von ihrem Teller.

Eva hatte genug und löffelte ihren Joghurt zu Ende.

»Kriege ich keine Antwort?«, drängelte Jürgen. »Willst du dein Brötchen nicht mehr?«

»Nein, meine Augen hatten dann wohl doch mal wieder mehr Appetit als ich«, sagte sie. »Und die Kollegen vor Ort brauche ich im Moment noch nicht.«

Jürgen mampfte und Eva schwieg.

Sie sah in die Menschenmenge, die jetzt hier im Raum versammelt war. Woher kamen sie wohl? Sie hörte, wie sich ein Ehepaar zwei Tische weiter anfauchte. Sicher endeten alle einmal so. Wer konnte es schon ein Leben lang mit einem anderen Menschen aushalten, ohne ihm irgendwann den Kopf abzureißen?

»So, ich bin fertig«, sagte Jürgen zufrieden und wischte jetzt mit beiden Händen über seine Ärmel.

»Dann lass uns losgehen«, schlug Eva vor. Am liebsten hätte sie ihn gebeten, sich umzuziehen. Tja, und die Hände zu waschen. Doch wie hätte sie das erklären sollen? Ob das

Ehepaar sich genau wegen solcher Lappalien gestritten hatte? Sie konnte es sich nur zu gut vorstellen.

Am Empfang der Stadtverwaltung fragten sie am Tresen des Einwohnermeldeamtes nach dem zuständigen Mitarbeiter. Man drückte Eva eine Nummer in die Hand und es hätte nicht viel gefehlt, und sie hätte nach dem Vorgesetzten gefragt. Jürgen konnte sie gerade noch zurückhalten, indem er nach ihrem Arm griff.

»Wenn du jetzt ausflippst, musst du hier vor allen Leuten sagen, dass du Polizistin bist und in einem Mordfall ermittelst«, flüsterte er ihr zu.

Sie sah ein, dass er recht hatte und so saßen sie in der Wartezone.

Schließlich waren sie dran und trafen in einem Büro auf einen jungen Mann im Anzug.

»Wie kann ich Ihnen helfen?« Er machte eine einladende Handbewegung und Eva und Jürgen setzten sich an seinen Schreibtisch.

»Ich bin Polizistin auf Langeoog«, begann Eva. Das Gesicht des jungen Mannes verfinsterte sich. »Und ich ermittle in einer Mordsache und müsste die Angaben des Opfers überprüfen.«

»Okay«, sagte der Beamte, »aber ich weiß nicht, ob ich dann der richtige Ansprechpartner bin.«

»Was soll das heißen?« Evas Puls stieg schon wieder an.

»Na ja, meistens übernimmt mein Vorgesetzter solche Fälle. Haben Sie denn am Empfang nicht gesagt, worum es geht?«

»Nein, habe ich nicht. Ich wollte das nicht im offenen Bereich herumposaunen«, sagte Eva zerknirscht. Hätte sie der Ziege am Tresen etwa einen Zettel zuschieben sollen?

»Verstehe. Na ja, wir können ja mal gucken, wie weit ich Ihnen behilflich sein kann. Es ist ja nicht so, dass ich nicht möchte ...«

»Es geht um eine gewisse Saskia Lindner«, begann Eva und schilderte ihr Anliegen.

Der junge Mann tippte den Namen und die Adresse in seinen PC. »Ja, hier habe ich's«, sagte er kurz darauf. »Und Sie sagen, diese junge Dame ist ermordet worden?«

»Ja. Und da in Ihrem PC steht, dass sie hier unter diesem Namen gemeldet ist?«

Der junge Mann nickte und drehte Eva den Bildschirm zu. »Hier, sehen Sie selbst.«

»Gut, das hat mir schon weitergeholfen«, sagte Eva und stand auf. »Danke für Ihre Zeit.« Sie nickte Jürgen zu und sie verließen das Büro.

»Wieso hast du denn nicht nach Sandra Brückmann gefragt?«, sagte Jürgen, als sie vor der Tür standen.

»Wie hätte ich das denn erklären sollen?«

»Musst du ja nicht. Aber vielleicht ist eine Frau unter diesem Namen hier ja auch registriert.«

»Scheiße, du hast recht«, maulte Eva. Sie machte die Tür zum Büro noch einmal auf und lief zum Schreibtisch.

Kurz darauf wusste sie, dass es eine Sandra Brückmann nicht in Verden gab. Doch in einem Nachbarort, da war jemand unter dem diesem Namen registriert.

»Das kann Zufall sein«, meinte Eva, als sie wieder im Wagen saßen. »Sandra Brückmann ist ja nicht gerade ein auffälliger Name.«

»Stimmt«, meinte Jürgen. »Aber wir sollten der Sache nachgehen.«

»Zu blöd, dass ich meinen Rechner nicht mitgenommen habe«, meinte Eva.

»Also doch zu den Kollegen hier?«

»Lässt sich wohl nicht vermeiden.«

Jürgen steuerte die nächste Polizeidienststelle an.

Der Kollege Dieter Faustmann hörte sich die Geschichte an und ließ Eva bereitwillig an seinen PC, damit sie selber nach Sandra Brückmann suchen konnte. Während Eva beschäftigt war, unterhielt Jürgen sich mit Faustmann übers Angeln.

»Sie wird vermisst!«, rief Eva kurz daraus aus. »Sandra Brückmann wird vermisst.«

»Tatsächlich?«, meinte Faustmann und setzte sich mit Jürgen zu Eva an den Schreibtisch.

»Ja, schon seit guten vierzehn Tagen.«

»Und warum war dann ausgerechnet ihr Name an Saskias Wohnung angebracht?«, fragte Jürgen.

»Genau das frage ich mich auch gerade. Und ich fresse einen Besen, wenn das kein Hinweis des Täters ist. Er spielt mit uns.« Sie sah die beiden Männer mit ernstem Blick an. »Ich denke, wir könnten eure Hilfe gebrauchen«, sagte sie in Richtung Faustmann.

Sandra

Sie wusste nur, dass sie ihre Hände nicht mehr spürte. Alles andere pulsierte in ihr. Ob es an dem Handknebel lag, der viel zu fest geschnürt war? Was war eigentlich mit ihr passiert? Irgendwann war ihr schwarz geworden vor Augen. Und dabei hatte alles wie ein Traum angefangen.

Sie war vor zwei Wochen nach Hause gekommen und hatte die Benachrichtigung eines örtlichen Reiseunternehmens im Postkasten gefunden. Sie hatte gewonnen. Zwei Wochen Mallorca in einem Sterne-Hotel. Sie las den Brief bestimmt fünfmal, um nach einem Haken zu suchen. Sicher war das alles nur eine Finte und man wollte an ihre weiteren Kontaktdaten kommen. Doch da war nichts faul. Es stand da schwarz auf weiß, dass sie gewonnen hatte. Alles, was sie noch tun musste, war, sich einen Reisetermin auszusuchen. Und als sie das Ganze realisiert hatte, fragte sie sich, wann sie überhaupt das letzte Mal an einem Preisausschreiben teilgenommen hatte. Sie konnte sich nicht erinnern. Ihre Freundin, ja, die nahm an allem teil, wo es etwas zu gewinnen gab. Doch Glück hatte sie noch nie gehabt.

Sandra lebte alleine in ihrer kleinen Drei-Zimmer-Wohnung und war arbeitslos. Reisen konnte sie also, wann sie wollte. Sie musste nur der nervigen Vermittlerin im Job-Center Bescheid geben, damit man ihr nicht das Geld strich. Doch was konnte die dagegen haben, wenn jemand wie Sandra auch mal Glück hatte?

Also schrieb Sandra eine Nachricht an die Mailadresse in dem Schreiben, indem sie mitteilte, dass sie zum nächstmöglichen Termin nach Mallorca reisen möchte. Eine weitere Nachricht schrieb sie ans Job-Center.

Es dauerte keine vierundzwanzig Stunden und der Reisetermin wurde ihr mitgeteilt.

Und jetzt saß sie hier im Dunkeln mit geknebelten gefühllosen Händen. Es hatte sie jemand weggeschleppt, daran konnte sie sich schemenhaft erinnern. Irgendwo war sie auf einer alten Matratze aufgewacht. Es hatte so schrecklich gerochen. Und die ganze Zeit war es ihr übel gewesen. Sie konnte sich fast nicht bewegen. Es war nur fahles Licht in den Raum gefallen, der vielleicht so groß war wie ihr eigenes Wohnzimmer. Sie konnte nicht aufstehen, denn man hatte ihre rechte Hand an einem Rohr festgemacht. Doch ihr fehlte sowieso die Kraft. Immer wieder war sie in einen dumpfen Schlaf gefallen, der sie völlig willenlos machte.

Das Umland

Eva und Jürgen fuhren mit im Dienstwagen von Faustmann, um Sandra Brückmanns Wohnung zu untersuchen. Die Fahrt in den Nachbarort dauerte eine gute halbe Stunde.

Als sie dort ankamen, wunderte sich Eva als Erstes über einen vertrockneten Strauß Rosen, der im Fenster stand. Das war kein gutes Zeichen.

»Wer hat diese Sandra eigentlich als vermisst gemeldet?«, fragte Faustmann, als sie aus dem Wagen stiegen.

»Klingt vielleicht komisch, aber es war der Postbote«, sagte Eva. »Er konnte einen Brief des Job-Centers nicht zustellen. Und als das auch nach dem dritten Versuch nicht geklappt hat, hat er wohl Alarm geschlagen.«

»Komisch«, meinte Jürgen. »Postbote ...«

»Na ja, die müssen sowas vielleicht sogar melden, wenn sie etwas nicht zustellen können.«

»Ja meine Güte, man kann doch auch mal verreist sein«, meinte Jürgen. »Wenn da alle immer die Polizei einschalten würden.«

»Stimmt auch wieder. Aber er hat nun einmal reagiert und das ist auch gut so, sonst wären wir jetzt nicht hier.«

Faustmann mischte sich in die Unterhaltung nicht ein als sie vor dem Wohnblock standen.

Es gab ein Schild mit dem Namen Sandra Brückmann.

Eva klingelte an der Tür nebenan. Es war wie ein dejà vu für sie. Sie wurde das Gefühl nicht los, dass Sandra auch schon längst tot war.

Es öffnete ein junger Mann.

»Ja bitte?«, sagte er und wischte sich mit der Hand durchs volle dunkle Haar. Er trug nur eine Jogginghose und ein offenes Hemd. Eva konnte ihren Blick nicht von der behaarten Brust losreißen.

»Faustmann, Kripo Verden«, sprang der Kollege ein. »Wir möchten uns nach Sandra Brückmann erkundigen.«

»Die ist nicht da«, sagte der junge Mann sofort. »Sie hat eine Reise gewonnen und aalt sich sicher gerade am Strand von Mallorca.«

»Wirklich?«, fragte Eva verblüfft. Auf so einen Gedanken war sie noch nicht gekommen. Das würde genau in das Bild passen, dass Jürgen vorhin ins Blaue hinein gemalt hatte.

»Ja, sie hat in einem Preisausschreiben gewonnen. Sie hat sich sehr gefreut aber auch gewundert.«

»Gewundert? Worüber?«

»Na, sie war sich ganz sicher, gar nichts mitgemacht zu haben«, antwortete der Schönling lachend.

»Hat sie vielleicht auch nicht«, murmelte Eva. »Sie haben wohl nicht zufällig einen Schlüssel für Sandras Wohnung?«

»Aber klar«, sagte er und zwinkerte ihr zu. »Ab und zu haben wir mal zusammen zu Abend gegessen, wenn Sie verstehen.«

Das will ich gar nicht, dachte Eva grimmig. Ob Jürgen auch wohl immer nur an das eine dachte? Sie wischte den Gedanken schnell beiseite.

Sie nahm den Schlüssel und öffnete Sandras Wohnung. Man konnte riechen, dass hier lange keiner mehr gewesen war. Alle Fenster waren geschlossen und es hing ein Hauch von altem Zigarettenqualm unter der Decke. Das Bett war nicht gemacht und auch alle Kleider hingen noch im Schrank. Jedenfalls bis auf die, die Sandra vermutlich mit auf die Reise genommen hatte.

Auf ihrem Schreibtisch, der in einer Art Abstellkammer stand, lagen viele Unterlagen, die alle Sandras Namen trugen. Aber warum hatte der Täter dafür gesorgt, dass Eva in Sandras Wohnung ging? Was hatte das alles nur zu bedeuten? Was hatten Sandra und Saskia miteinander zu tun?

Während Jürgen und Faustmann in der Küche und im Wohnzimmer nach Beweisen suchten, wühlte Eva sich durch allen Papierkram, den sie auf und im Schreibtisch finden konnte. Und schließlich hatte sie eine Urkunde in der Hand, die das Blut in ihren Adern stocken ließ. Sandra Brückmann war genauso wie Saskia einmal ein Pflegekind in der Familie Stresel gewesen. Genauso wie sie selber auch. Ihre Hand zitterte, als Jürgen zu ihr stieß.

»Was ist los Eva? Du bist ja kalkweiß im Gesicht.« Er legte ihr eine Hand auf die Schulter.

»Hier ...« Sie hielt ihm das Dokument hin.

Jürgen las. »Und was bedeutet das jetzt?«

Eva vergrub ihr Gesicht in den Händen. »Mein Gott, verstehst du denn nicht?«

Wieder einmal kam Jürgen sich wie der letzte Trottel vor. »Ehrlich gesagt ... also, sie war ein Pflegekind. Na und?«

»Dann guck doch mal auf den Namen.«

»Stresel ... Stresel? Moment, war das nicht auch die Familie, bei der Saskia in Pflege war?«

»Ganz genau.« Eva erhob sich und sah zu ihm auf.

»Und du warst doch auch bei den Stresels ...«

»Blitzmerker«, sagte sie matt.

»Denkst du jetzt etwa, dass du auch in Gefahr sein könntest?«

Eva zuckte mit den Schultern. »Wäre das so abwegig? Ich meine, wenn Sandra jetzt auch verschwunden ist, dann …«

Jürgen legte beide Arme um Eva und drückte sie an sich. Er spürte, dass sie völlig kraftlos war. »He, das kriegen wir schon hin, verlass dich auf mich.«

Sie hatten nicht bemerkt, dass der Kollege in den Raum gekommen war.

»Hm …«, machte Faustmann, »ich will ja nicht stören …«

Abrupt löste Eva sich aus Jürgens Armen. »Schon gut«, sagte sie, »mir war plötzlich schwindlig geworden.«

»Sicher das Alter«, sagte Faustmann, wahrscheinlich, um irgendwas zu sagen.

»Ja, gut möglich«, sagte Eva. »Und? Was Wichtiges gefunden?«

»Ne, eigentlich nicht.«

»Dann schlage ich vor, dass wir jetzt gehen.« Eva lief, ohne eine Antwort abzuwarten, zur Tür.

Faustmann fuhr die beiden zu ihrem Hotel und versprach, sich weiter mit der Suche nach Sandra Brückmann zu beschäftigen.

Dunkle Vergangenheit

»Es dauert nicht mehr lange«, sagte er und wusste nicht einmal, ob sie ihn noch hörte. Gleich war es Mitternacht.

Er hatte es sich an diesem Abend bis hierher in einem netten kleinen Lokal gemütlich gemacht. Als es gegen dreiundzwanzig Uhr schließen wollte, war er noch ein wenig am Strand entlang gegangen. Es gab gerade im Urlaub immer wieder Pärchen, die auch spätabends noch am Strand waren, um sich verliebte Worte ins Ohr zu flüstern.

Als er sich sicher war, dass ihn niemand mehr beobachtete, ging er schließlich zu dem kleinen Motorboot, dass er sich vor einiger Zeit zugelegt hatte. Sandra lag leblos darin. Im Mondschein konnte er ihre feinen Gesichtszüge ausmachen. Ihr blondes Haar wirkte zersaust von der rauen Seeluft. Eigentlich war es schade um sie, dachte er. Sie war so ein hoffnungsvolles und fröhliches Kind gewesen. Damals. Doch wie so viele, die nie eine richtige Familie kennen gelernt hatten, war auch sie irgendwann auf die schiefe Bahn geraten. Hatte die Schule geschmissen und sich mit Gelegenheitsjobs durchgeschlagen. Ein paar Beziehungen waren in die Brüche gegangen. Es hatte wohl niemand Interesse daran gehabt, sein Leben mit ihr zu verbringen. Insofern war es doch völlig gerechtfertigt, dass er sie jetzt genau in diesem Moment hier von ihrem Leid erlöste. Was sollte denn aus ihr werden, wenn sie alt wurde? Ein ewiger Sozialfall, der wahrscheinlich irgendwann dem Alkohol verfiel und ständig ins Krankenhaus musste. Ja, es war geradezu seine Aufgabe, jetzt das Richtige zu tun. Eine logische Folge ihres verkorksten Lebens, dem er jetzt endlich die richtige Wende gab. Es tat ihm leid, dass er sie nicht so wie Saskia hatte versorgen können. Vielleicht, so überlegte er, wäre es für die beiden schöner gewesen, wenn sie zusammen ... aber darüber wollte er jetzt nicht mehr nachdenken. Seine Aufgabe war jetzt eine andere.

Er griff Sandra unter die Arme und zog sie aus dem Boot. Sie war so leicht wie eine Feder. Wem schmeckte das Essen schon alleine? Sicher hatte sie sich in den letzten Jahren nur von Fastfood und Fertiggerichten ernährt, die einem den Spaß am Essen vergällten. Mit geschickten Handgriffen hielt er Sandra jetzt im Arm und wiegte sie wie ein kleines Kind.

»Schlaf, Kindchen schlaf ...«, summte er leise, als er mit ihr zu dem Strandkorb lief.

Gibt es einen Zusammenhang?

Eva hatte im Hotel ihre Mails gecheckt und den Bericht von Ole laut vorgelesen. Saskia war eindeutig erstickt worden. Vermutlich mit der Decke, unter der man sie gefunden hatte. Allerdings vermutete Ole, dass sie zu dem Zeitpunkt bereits bewusstlos gewesen war, weil er eine hohe Dosis eines Beruhigungsmittels in ihrem Blut festgestellt hatte. Weitere körperliche Verletzungen gab es nicht. Keine Anzeichen von Handgreiflichkeiten oder sexuellen Missbrauchs.

»Da hat es also jemand auf die sanfte Tour gemacht«, stellte Jürgen fest, als Eva geendet hatte.
»Sanfte Tour? Wenn man jemanden erstickt?«
»Nun, auf jeden Fall hat sie nichts davon mitbekommen.«
»Wie tröstlich ...«
»Ich mein ja nur.«
»Okay okay. Ich habe jetzt sowieso ganz andere Sorgen.«
»Sandra, ich weiß.«
»Das auch ... aber ich muss die Familie Stresel finden, und das passt mir ganz und gar nicht.«
»Du meinst, weil du auch bei ihnen warst?«

Eva nickte. »Ja, und ich wollte verdammt nochmal nie wieder etwas damit zu tun haben. Und jetzt muss ich …«

»Du könntest den Fall doch aus Gründen der Befangenheit abgeben, oder?«

»Vielleicht. Doch ganz sicher sogar.«

»Aber das willst du auch nicht, richtig?«

Eva schüttelte den Kopf. »Nein, ich will ja auch wissen, was mit Sandra ist.«

»Erinnerst du dich an sie?«

»Nein, kein bisschen … sie war ja auch noch jünger als Saskia und es ist ja auch nicht gesagt, dass sie zur selben Zeit wie ich bei den Stresels war.«

»Das lässt sich doch leicht feststellen, du hast doch die Urkunde, da muss doch ein Datum draufstehen.«

»Schlaumeier.« Eva griff nach dem Papier und starrte darauf. »1985 steht hier, da war ich nicht mehr bei den Stresels, glaube ich.«

»Glaubst du? Weißt du das denn wirklich nicht mehr?«

Eva schüttelte den Kopf. Sie sagte nichts.

»Dann sollten wir morgen wieder zum Einwohnermeldeamt gehen. Die können uns doch sicher sagen, wo wir die Familie finden.«

»Wenn sie denn überhaupt noch leben …«

Den Abend verbrachten sie bei einem Italiener in der Verdener Altstadt. Eva hing ihren Gedanken nach und Jürgen traute sich nur selten, sie direkt anzusprechen. Offensichtlich hatte sie wirklich schwer daran zu knabbern, dass sie mit ihrer Vergangenheit konfrontiert wurde. Doch irgendwann holte diese einen wohl immer ein.

»Lass uns ins Hotel gehen«, sagte Eva schließlich nach einer gefühlten Ewigkeit, »ich bin irgendwie total fertig.«

»Ich weiß wohl, dass ich dich nerve«, erwiderte Jürgen. »Doch es ist immer besser, wenn man drüber redet.«

»Das weiß ich doch.« Eva schien gar nicht wütend zu sein über seinen Vorstoß. »Das hat man ja an Katrin gesehen, wie lange die an der Sache mit ihrer Tochter gelitten hat, weil sie mit niemandem sprechen konnte.«

»Sie hatte doch ihren Chef, diesen Guntram.«

»Das ist was anderes«, maulte Eva. »Man muss jemanden haben, dem man voll und ganz vertraut.«

»Ach, bei mir geht das wohl nicht«, sagte Jürgen pikiert. »Verstehe ...« Er stellte sein Weinglas, an dem er gerade nippen wollte, zurück.

»He, so habe ich das nicht gemeint«, wehrte Eva ab. »Aber Guntram ist nun mal der Chef von Katrin und nicht ihr Freund.«

»Das sah für mich aber ganz anders aus. Er wäre für sie durchs Feuer gegangen und diesen Osterkamp hätte er am liebsten umgebracht, als er ihn geschnappt hatte.«

Eva musste schmunzeln.

»Was ist daran denn jetzt so komisch?« Jürgen griff wieder nach seinem Glas.

»Würdest du das auch tun? Für mich durchs Feuer gehen?«

»Als ob ich das nicht schon tausend mal gemacht hätte«, sagte Jürgen obenhin und leerte sein Glas in einem Zug.

»Du hast recht«, gab Eva zu. »Manchmal bin ich einfach etwas unsensibel.«

»Etwas?« Jürgen lachte jetzt auch und bestellte noch zwei Rotwein, indem er dem Ober ein Zeichen gab.

Sie blieben noch eine ganze Weile im Restaurant und Eva erzählte Jürgen von der Zeit, in der sie von einer Pflegefamilie zur nächsten abgeschoben wurde. Es sei schwierig mit ihr gewesen. Oder auch umgekehrt. Auf jeden Fall hatte sie nie irgendwo Fuß gefasst. Und als sie endlich achtzehn geworden war, da hatte sie sich ihre erste eigene Wohnung genommen.

»Es war nur ein Zimmer«, sagte sie und ließ ihren Blick durch das Lokal wandern. »Aber ich konnte endlich tun und lassen, was ich wollte.«

»Das war bestimmt ein tolles Gefühl.« Jürgen sah sie nachdenklich an. »Und dann bist du zur Polizei gegangen?«

»Nein, nicht sofort, erst habe ich noch ein Jahr au pair gemacht in Frankreich.«

»Du hast dich um Kinder gekümmert?«, platzte es aus Jürgen heraus.

»Klingst das so merkwürdig?«

»Allerdings ...«

»Du hast recht, ich hatte eigentlich schon nach drei Monaten eingesehen, dass mir die Blagen auf den Geist gehen«, Eva kicherte und trank noch einen Schluck Wein. »Aber die Zeit in der Provence, die wollte ich nicht missen.«

»Sicher wegen der schicken Franzosen«, flachste Jürgen, »und dem Wein.«

»Vielleicht hätte ich einfach da bleiben sollen. Die Kinder hätte ich sausen lassen können ... und einfach was ganz anderes anfangen. Vielleicht nach Paris gehen oder so.«

»Ich war noch niemals in Paris«, sagte Jürgen und lächelte sie verträumt an. »Wir könnten ja zusammen hinfahren, was meinst du?«

»Aber nicht mit Klaras Wagen«, lachte Eva, »die fahren da wie die Henker.«

Und wieder einmal hat sie es ganz geschickt hinbekommen, vom Thema abzulenken, dachte Jürgen. Doch er ließ es für diesen Abend auf sich beruhen.

Familie Stresel

Am nächsten Morgen standen Eva und Jürgen um kurz nach neun wieder am Schalter des Einwohnermeldeamtes. Dieses Mal zeigte Eva allerdings ihre Dienstmarke und bat um einen sofortigen Zugang zu einem Mitarbeiter.

»Stresels gibt es eine ganze Menge«, seufzte die Frau in den Vierzigern und klickte auf ihrer Maus herum. »Und Sie wissen nicht, um welche es sich konkret handeln könnte?«
»Dann wären wir nicht hier«, sagte Eva schroff. »Das Ehepaar dürfte jetzt an die Achtzig sein, wenn das hilft.«
»Dann könnte es ja sogar sein, dass sie gar nicht mehr leben, oh meine Güte.«
Tja, mir wäre es recht, dachte Eva. Sagte das aber nicht.
»Und sie hatten immer Pflegekinder?«, fragte die Beamtin und kratzte sich am Kopf. »Dann hätte ich vielleicht Glück bei den Ämtern, die sich um Pflegekinder kümmern.«
»Wenn ich Ihren Job machen soll, dann sagen Sie es ruhig.« Eva verschränkte ihre Arme demonstrativ vor ihrem Bauch. Jürgen stieß sie mit dem Fuß an, was sicher so viel hieß wie, sie macht doch auch nur ihren Job.

Die Beamtin lief rot an und tippte etwas in die Tastatur.

Eva lehnte sich zurück und atmete durch. Sicher, die Frau vor ihr konnte ja auch nichts dafür. Sie war total ungerecht zu ihr. Sie nahm sich vor, nicht mehr so giftig zu sein.

Nach weiteren Minuten, wo niemand etwas gesagt hatte, rief die Beamtin plötzlich aus: »Ha, da habe ich was! Brunhilde und Ewald Stresel, wohnhaft in Bottrop in einem Pflegeheim ... Moment ...«

So ein Mist, dachte Eva. Ausgerechnet der Ruhrpott.

»Oh, ich sehe jetzt, dass sie beide leider schon verstorben sind, das tut mir wirklich leid ...«

Mir nicht, dachte Eva und machte drei Kreuze. »Gibt es noch irgendwelche Angaben über weitere Verwandte?«, fragte sie.

»Hm ... ich glaube nicht. Wahrscheinlich kann man noch was rausfinden, was die Pflegekinder betrifft, aber dazu müsste ich noch weiter in die Tiefe gehen. Aber wenn Sie das möchten, mache ich das natürlich.«

»Ja, das wäre nett«, sagte Eva und gab ihrer Stimme einen wohligen Unterton. »Ich gebe Ihnen meine Karte, dann können Sie mir weitere Informationen auch per Mail schicken.«

»Sicher«, sagte die Frau, atmete erleichtert auf und nahm die Karte entgegen. »Wenn ich was finde, schicke ich Ihnen alles zu.«

»Meinst du, ich war unfair?«, fragte Eva, als sie mit Jürgen wieder Richtung Hotel unterwegs war.
»Nicht mehr als sonst«, sagte er und hakte sich bei ihr ein.
»Ich finde, wir sollten zurück nach Langeoog fahren. Sobald man Sandra findet, erfahren wir es von Faustmann doch als Erstes.«
»Ja, mir fehlt der Strand auch«, sagte Jürgen. »Und irgendwie ist es auch schön, nicht den ganzen Tag von Verkehrslärm genervt zu werden.«
»Okay, dann lass uns doch einfach auschecken und nach Esens fahren, was meinst du?«
Jürgen sah auf die Uhr. »Dann sind wir zum Abendbrot da, warum nicht. Aber was wird aus den Stresels? Willst du nicht auf die Nachricht von dieser Beamtin warten? Oder vielleicht sogar weiter in dem Pflegeheim in Bottrop recherchieren?«
»Wenn ich das wollte, würde ich das tun, glaub mir.«
»Schon gut.« Jürgen entzog ihr seinen Arm. Dass es mit dieser Frau auch nie ohne diese kleinen Streitereien gehen konnte. Es war zum Mäusemelken.

»Sorry«, sagte Eva plötzlich, die gemerkt hatte, dass sie zu grob zu ihm gewesen war.

»Ich weiß schon, die verdammte Vergangenheit ...«

»Du weißt nicht, wie das ist, wenn man gewisse Dinge endlich hinter sich gelassen hat und dann taucht plötzlich jemand auf, der alles wieder aufwühlt.«

»Glaub mir Eva, du bist nicht die Einzige, die eine beschissene Kindheit hatte«, sagte Jürgen. »Aber egal, lass uns nach Esens fahren.«

Sie gingen zum Hotel, um zu packen. Als Eva nach ihrem Handy greifen wollte, sah sie erst, dass sie es im Hotelzimmer vergessen hatte. Auf dem Display wurden ihr acht verpasste Anrufe angezeigt. Sie blätterte durch und rief bei Ole zurück.

»Eva verdammt, wo steckst du denn? Wieso gehst du nicht ans Telefon?« Ole ersparte sich jegliche Umgangsformen.

»Was ist denn los? Ich hatte mein Handy im Hotel vergessen ...«

»Es gibt wieder eine Leiche auf Langeoog, das ist los.«

»Was?« Eva schrie fast in den Hörer und doch ahnte sie schon, um wen es sich handelte. »Ist es wieder eine junge Frau?«

»Ja verdammt. Es ist eine Sandra ...«

»Brückmann«, vollendete Eva.

»Woher weißt du das?«, fraget Ole erstaunt.

»Das ist eine lange Geschichte ... wir sind schon auf dem Weg zurück. Wie ist sie gestorben?«

»Genauso wie Saskia Lindner. Erstickt in einem Strandkorb hat man sie gefunden. Da muss es einen Zusammenhang geben, wahrscheinlich ein Serientäter.«

Evas Kehle schnürte sich bei dem Wort Serientäter zu. Ob er sie auch ins Visier genommen hatte und man sie bald mit einer Decke über dem Gesicht finden würde?

»Eva? Bist du noch dran?«

Sie schluckte. »Ja.«

»Okay. Soll ich sie liegen lassen, bis du da bist?«

»Nein, es reicht mir, wenn du ausreichend Fotos machst.«

»Gut, dann melde ich mich wieder, wenn ich in Oldenburg fertig bin.«

Sie legten auf.

Eva ging zu Jürgen und kurz darauf saßen sie im Wagen Richtung Esens.

Dort angekommen packten sie zusammen, was sie dort noch hatten und bestellten sich ein Taxi zum Flughafen.

Als sie auf der Insel ankamen, war Ole wie erwartet schon weg. Jürgen ging mit Eva in die Dienststelle, wo sie erst mal einen Kaffee aufsetzte.

»Meinst du, dass du heute alleine in deiner Wohnung klarkommst?«, fragte Jürgen und Eva fühlte sich an den Fall erinnert, wo man in ihre andere Wohnung eingedrungen war. Ein Gefühl, das sich wie eine kalte Hand um ihr Herz legte.

»Ich weiß nicht«, sagte sie ehrlich. Doch sie wollte auch nicht, dass Jürgen wieder bei ihr einzog. Sie konnte sich noch zu gut an die Unordnung erinnern, die er gerne um sich verbreitete. »Aber ich will nicht schon wieder umziehen.«

Jürgen nahm seinen Kaffee und dachte nach.

»Wir könnten hier in der Dienststelle campieren, bis der Täter geschnappt ist«, sagte er schließlich.

Eva sah ihn ungläubig an. »Das ist jetzt aber nicht dein Ernst, oder?«

Auch wenn Jürgen das eher als Scherz gedacht hatte, jetzt gefiel ihm der Gedanke sogar. »Warum denn eigentlich nicht? Hier ist Platz genug, um zwei Klappliegen aufzustellen. Und so gibst du dem Täter auch keinen Grund, in deine Wohnung einzudringen«, sagte er pragmatisch.

»Na, vielen Dank auch«, meinte Eva. »Das beruhigt mich jetzt in keinster Weise. Sicher beobachtet er uns schon die ganze Zeit.« Sie ging zum Fenster und sah zum Strand. Es waren einige Spaziergänger unterwegs, die sicher den schönen Sonnenuntergang genießen wollten. Genau diese Unbeschwertheit, die wünschte Eva sich in diesem Moment für sich.

»Also, ich finde die Idee gut. Ich werde alles Notwendige besorgen. Und ich lasse keine Widerrede zu, nur dass du es weißt.« Er trank seinen Kaffee aus und verließ die Dienststelle.

Als Eva alleine war, fiel sie wie ein Kartenhaus in sich zusammen. Tränen liefen über ihr Gesicht. Warum nur? Warum musste die Vergangenheit sie einholen? Gerade jetzt, wo sie sich so langsam sicherer fühlte, hier auf ihrer kleinen Insel. Sie wischte sich mit dem Pulloverärmel übers Gesicht. Sie atmete tief durch. Hier gab es im Moment nichts für sie zu tun, und bevor Jürgen zurückkam, wollte sie noch etwas erledigen.

Eva war froh, dass sie unterwegs auf niemanden traf, mit dem sie reden musste. Schnell schloss sie die Tür zu ihrer Wohnung auf. Erst jetzt merkte sie, dass sie nichts von ihren Sachen mitgenommen hatte. Alles stand noch in der Dienststelle. Aber vielleicht war das auch ganz gut so, sie würde beim Camping mit Jürgen in den nächsten Tagen sicher einiges davon gebrauchen können. Bei dem Gedanken musste sie sogar schmunzeln, so schlimm das alles auch für sie war. Die Abendsonne warf noch ein letztes Licht in ihre Wohnung, so dass sie nicht einmal eine Lampe brauchte. Sie blieb mitten im Flur stehen und horchte. Ob er schon hier gewesen war? Irgendwo hier auf sie wartete? Auf Zehenspitzen ging Eva ins Schlafzimmer und fiel auf die Knie. Sie zog den Karton hervor und öffnete den Deckel. Jetzt oder nie! Sie musste der Sache auf den Grund gehen.

Neben irgendwelchen Zeitungsschnipseln, die über ihre ersten Ermittlungen berichteten, waren da auch die Fotos. Die Bilder, die sie so lange nicht angesehen hatte. Nicht ansehen konnte. In dieser kleinen Schachtel war ihr ganzes Leben verstaut. Gab es wirklich nicht mehr, was sich aufzuheben gelohnt hätte? Eva Sturm, wer bist du eigentlich?, fragte sie sich. Und dann zog sie auch die vielen Fotografien heraus, die sie als junges Mädchen zeigten. Schmal und schüchtern guckte sie in die Kamera. Oder vielleicht sogar ängstlich und enttäuscht. Schon damals hatte sie gelernt, dass man niemandem trauen konnte. Wirklich niemandem.

Dann fand sie die erste Aufnahme, auf der sie und Saskia zusammen auf einer Parkbank saßen. Saskia mochte da vielleicht vier oder fünf gewesen sein. Und sie selber? Etwa zwölf oder dreizehn. Ein Alter, in dem junge Mädchen anfangen, sich in Jungs zu verlieben. Doch es gab auch Mädchen, die dann lernten, zu hassen.

Das Klingeln ihres Handys riss sie aus ihren bösen Gedanken. Es war Jürgen. Sicher fragte er sich, wo sie war. Hatte Angst um sie. Deshalb ging sie schnell ran.

»Eva? Wo bist du? Alles in Ordnung?« Er klang erleichtert.

»Ja«, sagte sie tonlos. »Alles gut.«

»Wo bist du?«

»Ich musste noch etwas aus meiner Wohnung holen.«

»Bist du verrückt geworden? Ich komme sofort und hole dich ab.«

»Nein nein«, wehrte sie ab. »Ich bin gleich wieder in der Dienststelle.« Dann drückte sie die rote Taste.

Es gab wohl auch gute Männer. So wie Jürgen. Sie musste lernen, die Welt nicht mehr so schwarz zu sehen.

Sie steckte sich das Bild von sich und Saskia in die Hosentasche. Dann machte sie die Schachtel wieder zu und schob sie unters Bett. Nach Sandra würde sie ein andermal suchen. Für heute war es genug.

Jürgen hatte sogar eine Kerze ins Fenster gestellt, als Eva zurückkam.

»Ist das nicht ein bisschen übertrieben?«, fragte sie und schüttelte den Kopf.

»Ach was. Du wirst staunen, was ich alles besorgt habe. Das wird eine richtige Gaudi hier ... oh, nun ja, auf jeden Fall wird es nicht langweilig. Aber du hast ja gar nichts mitgebracht«, sagte er, als er ihre leeren Hände sah. »Du warst doch extra in die Wohnung gegangen, um etwas zu holen.«

Eva fühlte sich ertappt. »Ach ... hast du auch Rotwein gekauft?«

Alles klar, dachte Jürgen. Sie wollte nicht darüber reden.

»Aber sicher.«

»Und was essen wir? Ich nehme an, dass du auch ein kleines Spanferkel in Vorbereitung hast.« Sie versuchte, es spaßig klingen zu lassen.

»Ich habe etwas Käse und Weißbrot. Ich bin davon ausgegangen, dass du heute Abend lieber nicht mehr rausgehen willst, deshalb ...«

»Das klingt gut. Ich werde noch die Mails checken, vielleicht hat Ole sich gemeldet.« Eva ging zu ihrem Schreibtisch.

Jürgen hantierte weiter an den Klappbetten herum und klemmte sich den Finger ein.

»Und, hat Ole was geschrieben?«

»Moment, der Rechner muss ja erst hochfahren.« Eva sah den Mann, der ihr schon über zwei Jahre nicht von der Seite wich, an. Kannte sie Jürgen eigentlich wirklich? Konnte sie ihm trauen? Fang nicht wieder so an, schimpfte es in ihr. Er hat immer zu dir gehalten. Wenn man sich auf jemanden verlassen konnte, dann auf ihn.

Endlich war der PC bereit und sie öffnete ihren Mailaccount. Ole hatte tatsächlich schon einen Bericht geschickt. Manchmal fragte sich Eva, wo die guten alten Zeiten hin waren, wo man zwischen Auffinden der Leiche und dem Obduktionsergebnis noch in Urlaub fahren konnte.

»Es ist alles genauso wie bei Saskia«, sagte sie und Jürgen drehte sich zu ihr um.

»Also ein Serientäter«, sagte er und nahm ein Pfund Käse und lief damit zu dem Schrank, wo die Kaffeemaschine stand. Der einzige Platz, den man ansatzweise als Kücheneinrichtung bezeichnen konnte.

»Ja, das wird wohl so sein. Es ist unwahrscheinlich, dass es zwei Täter sein könnten. Das sagt auch Ole.« Sie atmete hörbar aus.

»Eva ehrlich, du musst dir keine Sorgen machen, ich bin ja hier.« Demonstrativ hielt er das Käsemesser in die Luft.

Jürgen war so einer, der allem das Gute abgewinnen konnte. Er war einer, der jemandem wie ihr den nötigen Ausgleich gab. Jetzt schob er sich einen Käsewürfel in den Mund und hielt ihr auch einen hin.

»Danke, ich mag jetzt nicht«, sagte sie.

»Mach den Mund auf«, befahl er mit einem Lächeln. »Nicht, dass du mir hier noch schlapp machst, wenn der Killer kommt.«

Sicher versuchte er nur, die ganze Situation zu entschärfen, und dafür war Eva ihm dankbar und ließ sich wie ein kleines Vögelchen füttern.

Als sie sich später auf den Klappbetten gegenübersaßen und jeder von ihnen einen Rotwein in der Hand hielt, stand der Mond bereits hell am Himmel. Vollmond, dachte Eva, auch das noch.

»Ich hab da etwas gefunden«, sagte sie in die Stille hinein.

Jürgen sah sie neugierig an. »Wie gefunden?«

»Na, als ich vorhin in meiner Wohnung war.«

»Aber du hast doch gar nichts mitgebracht«, sagte er irritiert.

Sie griff hinter sich zu ihrer Gesäßtasche und zog das Foto hervor.

»Das ist Saskia«, sagte sie nur, »das kleine Mädchen neben mir.«

Jürgen hielt die Aufnahme Richtung Fenster, wo der Mond hereinschien und der Rest der Kerze wild flackerte.

»Das bist du?«

Eva nickte. »Ja, das bin ich.«

»Du ... wie alt warst du denn da?«

»Zwölf oder dreizehn ...«

»Du ... siehst so traurig aus.«

Sie schluckte. »Das war ich auch ...«

Sie erzählte Jürgen von der kurzen Zeit, in der sie mit Saskia in dieser Familie gewesen war, die wohl die Stresels waren. Sie könne sich gar nicht genau an sie erinnern, log sie. Doch das wusste Jürgen natürlich nicht. Er kaufte es ihr ab, dass man Menschen vergessen konnte, wenn alles so lange her war. Dass die Familie Stresel die einzige ihrer Pflegefamilien war, die sie nie und nimmer würde vergessen können, das sagte Eva nicht.

Camping zu zweit

Eva tat der Rücken weh, als sie am nächsten Morgen erwachte. Doch leidtat es ihr nicht. Sie sah zur Seite. Da lag Jürgen auf dem Rücken mit offenem Mund. Er war der erste Mann in ihrem Leben, der lautlos schnarchen konnte. Sie musste schmunzeln. Das Schicksal hatte es so gewollt, dass sie beide sich begegneten. Und er war immer nett zu ihr, egal wie eklig sie auch war. Vielleicht gab es doch irgendwo die berühmte gute Fee, die ihren Staub über sie gerieselt hatte. Sie drehte sich auf die Seite und lehnte sich auf ihren Arm. Sie hätte Jürgen stundenlang so ansehen können. Dann schnappte er ein paar Mal nach Luft und schlug die Augen auf.

»Wo bin ich?«

»Wo wärst du denn gerne?«, fragte Eva spontan zurück.

»Genau hier«, sagte er und lächelte sie an.

Man müsste Momente einfrieren können, dachte Eva. In diesem Augenblick hätte sie ihn auffressen können.

»Wieso guckst du mich so an? Hab ich einen Pickel auf der Nase?« Jürgen zog sich die Bettdecke übers Gesicht.

»Dein ganzer Kopf ist ein Pickel«, sagte Eva und warf ihr Kissen nach ihm. »Komm, lass uns aufstehen und frühstücken.«

Erst jetzt wurde es ihr klar, dass es hier zwar eine Toilette, aber kein richtiges Bad gab.

Als könnte Jürgen Gedanken lesen, sagte er: »Wir könnten zu meiner Wohnung gehen und duschen.«

»Aber getrennt«, sagte Eva und sprang vom Klappbett hoch.

»Nichts anderes würde mir je in den Sinn kommen«, schwor Jürgen und hielt sich überkreuzte Finger hinter den Rücken.

»Boah, das tat gut«, sagte Eva, als sie in Jürgens Wohnzimmer kam und sich die Haare trocken rubbelte.

»Ja, so ein Survivaltrip, das wäre auch nichts für mich«, meinte Jürgen. »Da muss man wohl ein Typ für sein. Bist du fertig, dann kann ich jetzt ja …«

Eva nickte.

Als sie alleine war, lümmelte sie sich aufs Sofa und checkte ihr Handy. Niemand hatte sich gemeldet. Ob wohl die Beamtin aus Verden etwas zur Familie Stresel herausgefunden hatte? Insgeheim hoffte sie, nicht. Einfach alles unter den Teppich kehren. Warum denn nicht? Doch sie musste auch die beiden Morde aufklären. Fast verschwamm diese Tatsache mit den quälenden Gedanken, die sie plagten. Da waren zwei junge Frauen tot, die sie gekannt hatte. Ein Serientäter hatte sie eiskalt ermordet. War sie als Nächste dran? Und wenn ja, warum? Sie hatte sich die halbe Nacht den Kopf zerbrochen und war auf Robert gekommen. Doch sie konnte sich einfach nicht vorstellen, dass es Robert sein sollte. Der einzige leibliche Sohn, den die Stresels damals gehabt hatten. Robert war merkwürdig gewesen. Aber ein Serienkiller? Eva hatte mehr als einmal beobachtet, wie er sich einen Spaß daraus gemacht hatte, kleine Nachbarsmädchen mit Dreck zu bewerfen, wenn sie stolz ihre Sonntagskleidchen trugen. Aber Serienmord, das war eine ganz andere Hausnummer. Natürlich konnte viel passiert sein in den letzten Jahren. Sie hatte Robert ja nie wiedergesehen. Wie alt wäre er jetzt wohl? Sie überschlug es kurz im Kopf und kam auf Mitte fünfzig. Also war er damals, als Eva in der Familie war, um die zwanzig gewesen. Für sie hatte er sich nie weiter interessiert. Warum auch? Sie war damals noch nicht einmal in der Pubertät gewesen. Ein Heranwachsender hatte da sicher schon ganz andere Bedürfnisse. Sie waren nie aneinandergeraten, auch wenn Eva sich erinnerte, dass sie sich mit jedem angelegt hatte. Doch Robert war irgendwie anders. Man lebte neben, aber nicht mit ihm. Und mit Saskia verband ihn sicher nur der Gedanke, dass sie ein lästiges Übel war, wenn er mal auf sie aufpassen musste, wenn seine Mutter Besorgungen machte. Nein, Eva konnte sich einfach nicht vorstellen, warum ausgerechnet Robert jetzt derjenige sein sollte, der Menschen tötete.

»Du hättest uns aber schon einen Kaffee machen können«, maulte Jürgen, als er nur in Shorts und leichtem Hemd bekleidet an ihr vorbeihuschte.
»Ja, stimmt. Ich war in Gedanken, sorry.«
»Kein Problem, ich mach das schon. Wozu sind Lakaien denn da.«
»Eben«, sagte Eva lachend. Er hatte doch immer einen Scherz im passenden Moment auf Lager.
Er hantierte geräuschvoll in der Küche herum und summte dazu einen Song von Barcley James Harvest.

Was Robert jetzt wohl machte?, dachte Eva. Ob sie einfach mal versuchen sollte, ihn aufzuspüren? Und diese Frau von der Behörde, sie hätte doch schon längst auf ihn gestoßen sein müssen, wenn sie ihren Job ernst nahm. Sie würde sie gleich anrufen. Sie nahm ihr Handy vom Wohnzimmertisch und wählte die Nummer der Auskunft und ließ sich mit dem Einwohnermeldeamt verbinden. Nach kurzem Warten war sie schließlich mit der Beamtin verbunden und erkundigte sich nach den neuesten Erkenntnissen. Sie habe nichts gefunden, bedauerte die Frau am anderen Ende. Komisch, dachte Eva. Das konnte doch eigentlich gar nicht sein. »Auch keinen Robert Stresel?«, fragte Eva nochmal nach. Die Frau bedauerte wieder. Einen Robert Stresel habe sie nicht in der Meldeliste. Eva bedankte sich und legte auf. Ob Robert vielleicht seinen Namen geändert hatte? Zuzutrauen wäre es ihm ganz bestimmt, so schräg, wie er immer drauf gewesen war. Und es gab ja Männer, die heutzutage den Namen ihrer Frau bei der Hochzeit annahmen. Aber trotzdem hätte er dann doch irgendwo als Robert Stresel auftauchen müssen, oder?

»Eva, der Kaffee ist fertig ...« Mit leichtem Singsang lockte Jürgen Eva in die Küche, wo er ein komplettes Frühstück auf den Tisch gezaubert hatte.

»Du bist nicht in Gold aufzuwiegen«, sagte Eva lachend.

»Dafür brauchst du dann einen Anhänger«, erwiderte er kichernd. »Vor allem, wenn wir jetzt jeden Abend Käse pur futtern.«

»Müssen wir ja nicht«, gab sie augenzwinkernd zurück.

»Stimmt, heute könnten wir mal wieder zum Italiener gehen.«

»Und du nimmst dann doppelt Käse, ich weiß.«

Sie genossen die entspannte Atmosphäre, bis Evas Handy klingelte. Es war Ole Meemken.

»Ja, Ole?«

»Moin Eva, ich habe dir gerade eine Mail geschickt, es geht nochmal um das Opfer Sandra Brückmann.«

»Ach ja?«, fragte Eva. »Ich werde mir das alles gleich in der Dienststelle ansehen.«

»Es ist mir da noch etwas aufgefallen, vielleicht ist es auch nicht wichtig ... aber Sandra ist anscheinend nicht so gut versorgt worden wie Saskia. Ich hab mir die Nacht um die Ohren geschlagen, um das konkreter zu untersuchen.«

»Was genau meinst du damit?«, hakte Eva nach.

»Sie hat offensichtlich während ihrer Zeit, in der sie in den Fängen des Täters war, ein paar Kilo abgenommen.«

»Hm ... bei Saskia war das nicht so?«

»Das kann ich nicht mit Bestimmtheit sagen, aber sie schien gut versorgt worden zu sein.«

»Danke, das ist echt nett, das du mich gleich informiert hast. Vielleicht wird das ja wichtig für uns.«

»Mach ich doch gerne. So, jetzt muss ich weiter, auch in Oldenburg waren die Killer heute Nacht aktiv.« Er legte auf.

»Wir müssen los, nehme ich an«, sagte Jürgen und fing schon an, das Geschirr abzuräumen.

»Stimmt. Ole hat noch was rausgefunden, was vielleicht wichtig ist.« Sie erklärte es ihm kurz.

»Das ist doch komisch, oder?«

»Ja, irgendwie schon. Welcher Täter macht bei den Opfern solche Unterschiede?«

»Vielleicht war er im Stress«, meinte Jürgen.

»Stress?«

»Na, er musste sich ja schließlich um zwei kümmern ...«

»Wie dem auch sei, wir müssen jetzt los. Willst du wirklich gleich mitkommen? Ich meine, von mir aus kannst du auch ruhig noch in deine Touristinfo gehen. Die wissen ja gar nicht mehr, wie du überhaupt aussiehst.«

Jürgen nickte. »Keine schlechte Idee. Doch meine neue Kraft kommt wirklich phantastisch mit allem zurecht. Es stimmt schon, dass man heutzutage ohne Fachkräfte gar nicht mehr klarkommt. Aber auf der anderen Seite soll sie auch nicht den Eindruck haben, dass ihr der Laden langsam gehört.« Er lachte.

»Genau, kümmere dich ruhig mal um sie. Nimm ihr ein paar Brötchen mit oder so. Sie hat es verdient.« Eva verschwand noch einmal im Bad und verabschiedete sich alsbald.

In der Dienststelle räumte sie die Klappbetten zur Seite. Wie sähe es denn aus, wenn gleich jemand käme und etwas melden wollte? Daran hatte sie bisher gar nicht gedacht. Nicht auszudenken, wenn man sie mit Jürgen hier zusammen vorfand.

Dann fuhr sie ihren PC hoch, um sich die Mail von Ole anzusehen. Und auch die Fotos der Opfer und der Beweisstücke nahm sie noch einmal unter die Lupe.

Sandra sah genauso zerbrechlich aus wie Saskia. Sie ähnelten einander sogar vom Typ her. Die Todesursache war identisch. Erstickt, nachdem sie betäubt worden waren. Nur etwas war anders, Sandras Hände waren offensichtlich stranguliert worden, und zwar so heftig, dass die roten Striemen an den Handgelenken deutlich zu sehen waren. War sie wehrhafter gewesen als Saskia? Und dann hatte Ole neben den üblichen Sachen, die Frauen so in ihren Handtaschen bei sich tragen noch einen Zettel gefunden. Das hatte sie bisher übersehen. Darauf standen mit Buchstaben, die vermutlich aus Zeitungsartikeln stammten, die Worte *Auf Dich wartet der Tod*. Ole hatte zu dem Foto geschrieben, dass Sandra offensichtlich ganz direkt bedroht worden war. Doch Eva konnte das nicht so ganz nachvollziehen, warum ein Täter so etwas bei seinem Opfer hinterlassen sollte, das bereits tot war. Nein, dahinter steckte etwas ganz anderes. Ihr Herz klopfte plötzlich bis zum Hals. Diese Nachricht war für sie bestimmt. Der Täter wollte jetzt sie holen. Plötzlich ging die Tür auf und Eva schrie auf.

Ihr erster Reflex war, sich unter den Schreibtisch zu werfen. Doch dann erkannte sie, dass es Jürgen war.

»Jürgen, bist du denn verrückt geworden, mich so zu erschrecken!«, fuhr sie ihn an.

»Eva, was ist jetzt denn wieder los? Soll ich demnächst lieber vorher anrufen oder eine Glocke um den Hals tragen, wenn ich in die Dienststelle komme?«, fragte er zurück.

Ihr Herz klopfte immer noch bis zum Hals. »Nein, schon gut«, sagte sie kleinlaut. »Doch ich habe eben Oles Bericht noch einmal gelesen. Der Täter hat es auf mich abgesehen.«

»Was? Wie kommst du darauf?« Jürgen war mit wenigen Schritten bei Eva am Schreibtisch.

»Guck hier ...« Sie drehte den Bildschirm zu ihm.

Jürgen las laut: »Auf dich wartet der Tod. Was soll das bedeuten?«

»Na was wohl?«

»Was sagt Ole denn dazu?«

»Ach der ... er denkt, dass diese Drohung für Sandra bestimmt war. Aber das halte ich für Quatsch. Schließlich hat er sie ja schon umgebracht. Nein, diese Drohung ist ganz bestimmt für das nächste Opfer.«

»Und du denkst, das bist du?« Jürgen konnte ihr immer noch nicht ganz folgen.

»Na klar bin ich gemeint. Denk doch mal scharf nach. Warum legt der Täter seine Opfer ausgerechnet bei mir auf die Insel? Na?«

»Klar, so gesehen könntest du natürlich recht haben. Du bist direkt involviert, weil du die Opfer kanntest und die Fälle untersuchst.«

»Eben. Und ich bin mir sicher, dass das Monster noch immer auf Langeoog ist. Ich muss sofort ...« Sie sprang vom Stuhl auf und lief im Raum hin und her. »Tja, was soll ich jetzt eigentlich machen?«

»Zunächst einmal werde ich dir nicht mehr von der Seite weichen«, sagte Jürgen, »das ist ja wohl klar wie Kloßbrühe.«

»Vielleicht sollte ich einen Polizeitrupp vom Festland anfordern, der alle Einwohner und Gäste unter die Lupe nimmt.«

»Hm ... das bekommt der Täter doch bestimmt mit und verdrückt sich irgendwie.«

Eva nickte. Wo er recht hatte, hatte er recht. »Dann müssen wir ihm eine Falle stellen«, schlug sie vor und ihr Gesicht hellte sich auf.

»Du willst doch wohl nicht als Köder fungieren?« Jürgen war sofort klar, was sie vorhatte.

»Aber warum denn nicht?« Fast schien Eva erleichtert. Denn so würde es nicht mehr lange dauern, und sie konnte wieder in ihre Wohnung.

»Weil das eine Schnapsidee ist«, wandte Jürgen ein. Er hatte wirklich Angst um sie. »Das lasse ich auf keinen Fall zu.«

»Wie willst du mich daran hindern? Willst du mich einsperren?«

»Am liebsten ja. Doch das kann ich mir sicher abschminken.«

»Allerdings. Und wenn du keine bessere Idee hast, dann bleibt es dabei. Ich werde den Lockvogel spielen und dann bringen wir ihn zur Strecke.«

Selbstgespräche

Es hatte schon ein paar Jahre gedauert, bis er sich nach der Therapie wieder gefangen hatte. Ein neues Leben anfangen konnte. Und jetzt lebte er völlig zurückgezogen in einem kleinen Landhäuschen an der Küste irgendwo im Norden. Es war ihm egal gewesen, Hauptsache raus aus der Großstadt.

»Mach dies nicht und lass jenes Robert!« Er lief durch die Küche und sortierte das Geschirr ein, dass er gerade abgewaschen hatte. Sein Kater Joseph saß auf der Fensterbank und schlug mit seinem Schwanz aufgeregt hin und her. Immer, wenn sein Herrchen mit sich sprach, dann bedeutete es meistens ein paar Scheiben Mettwurst für ihn.

Und auch heute wurde das Tier nicht enttäuscht. Als Robert alles weggeräumt hatte, ging er zum Kühlschrank und zog eine Plastikdose heraus. Obwohl er selber kein Fleisch mehr aß, kaufte er doch für seinen Kater immer reichlich ein. Tiere musste man doch verwöhnen.

»Hier mein Dickerchen«, sagte Robert und hielt dem Tier eine Scheibe hin. Joseph ließ sich nicht lange bitten und schlug mit seiner Tatze nach der vor seinen Augen tanzenden Delikatesse. Dann schnappte er zu und hatte sie zu packen bekommen, sprang damit von der Fensterbank und verschwand um die Ecke in den Flur.

Robert mochte Tiere. Aber dafür mochte er keine Menschen.

Er ging keiner geregelten Arbeit mehr nach, sondern half hier und da in einem Imbiss aus, obwohl ihm das mehr als widerstrebte. Meistens drückte er sich davor, die Schnitzel zu braten und bot sich an, die Tische abzuwischen und den Müll zu beseitigen. Seine Kolleginnen machten sich immer über ihn lustig. Kannten sie doch keinen Mann, der freiwillig putzte. Doch sie übernahmen gerne die Schnitzel, wenn es ihn glücklich machte. Robert hatte diesen Frauen insgeheim Namen gegeben, von denen sie besser nichts wussten.

Ab und zu, wenn er wieder ein bisschen Geld verdient hatte, verreiste Robert auch gerne einmal. Am liebsten auf die ostfriesischen Inseln. Doch das erzählte er niemandem. Es gab auch keinen, der es wissen wollte.

»Robert, du solltest mal wieder zum Friseur gehen.« Jetzt hatte er den Eimer mit dem Feudel geholt und wischte die Fliesen in der Küche. »Robert hier und Robert da ... ach lasst mich doch endlich alle in Ruhe.«

Erst, als er auch noch gestaubsaugt und die Tische abgewischt hatte, fühlte Robert sich langsam wieder ruhiger.

Es war nicht so leicht, die Vergangenheit abzuschütteln. Da konnte man noch so weit reisen.

Der Köder

Eva hatte sich alles ganz genau überlegt. Sagte sie jedenfalls. Doch Jürgen konnte seine Zweifel nicht beiseiteschieben.

»Eva, glaube mir, es ist einfach zu riskant, wenn du jetzt alleine in deiner Wohnung bleibst.«

»Es geht aber nicht anders. Ich bin als Nächste dran, das hast du doch jetzt auch verstanden. Wir machen es so, wie wir es besprochen haben.«

»So, wie du es besprochen hast«, sagte Jürgen und klang ärgerlich. »Du weißt genau, dass ich bei der Bewachung von Saskia versagt habe. Warum sollte es da bei dir besser laufen?«

Eva sah genau, wie sehr er litt. Natürlich machte er sich immer noch Vorwürfe. Daran hatte sie gar nicht mehr gedacht, als sie ihren Plan ausgeheckt hatte. War sie wieder einmal viel zu selbstsüchtig an die Sache rangegangen?

»He, es ist nicht deine Schuld, was mit Saskia passiert ist.« Sie legte tröstend eine Hand auf seinen Arm. Sie saßen bei ihrem Italiener und ließen den Abend ausklingen.

»Das sagt sich so leicht, wenn man's selber nicht versaut hat.« Jürgen hatte bereits den dritten Cognac getrunken und wirkte leicht beschwipst. Eine gefährliche Mischung mit Verzweiflung und Wut.

Um das Ganze nicht auf die Spitze zu treiben, sagte Eva: »Okay, ich denke noch einmal über alles nach. Vielleicht finden wir auch eine andere Lösung.«

Erleichtert sah Jürgen sie an. »Dann würde mir ein Stein vom Herzen fallen, Eva. Ich könnte es mir niemals verzeihen, wenn dir etwas zustößt wegen mir.«

»Das wird schon nicht passieren. Komm, lass uns zahlen und bei mir in der Wohnung weiter darüber nachdenken, was wir machen.«

Sie hatten das Campinglager in der Dienststelle bereits wieder aufgelöst, als der Postbote einen langen Hals gemacht hatte, als er ihr ein Päckchen zustellte. Sicher tratschte schon die halbe Insel darüber, was hier wieder bei Eva los war. Für die Inselbewohner stimmte sicher etwas nicht mit ihr und Jürgen. Jeder andere hätte doch schon längst eine gemeinsame Wohnung genommen oder würde sich geflissentlich aus dem Weg gehen. Eva wusste gar nicht genau, was Jürgen eigentlich über ihre Beziehung erzählte. Denn er war nicht so wie sie. Ihm waren Gespräche und andere Menschen wichtig. Er wollte dazugehören. Doch es wäre ihr zu verfänglich erschienen, hätte sie ihn direkt danach gefragt.

In Evas Wohnung machte Jürgen als Erstes eine Flasche Rotwein auf. Dann saßen sie lange auf dem Sofa und sahen Richtung Strand.

»Ob er jetzt irgendwo da draußen ist und uns beobachtet?« Eva hatte noch eine Tüte Salzstangen geholt und knabberte an einer Handvoll.

»Ehrlich gesagt gehe ich davon aus«, sagte Jürgen mit düsterer Stimme. »Es wäre vielleicht doch besser, wenn du Verstärkung anfordern würdest vom Festland, meinst du nicht?«

Eva zuckte mit den Schultern. »Du hast doch selber gesagt, dass er dann abhaut. Und damit würden wir nur unnötig alles in Aufruhr versetzen.«

»Du bist gut. Nach zwei Leichen innerhalb kürzester Zeit am Strand da dürfte der Aufruhrpegel sowieso schon bis zum Anschlag geknallt sein.« Er kicherte über seinen Vergleich.

»Ich werde das Gefühl nicht los, dass ich irgendwas übersehen habe«, sagte Eva plötzlich. Sie stand auf und lief ins Schlafzimmer.

Zurück kam sie mit der Schachtel, die unterm Bett stand. Sie stellte diese auf den Wohnzimmertisch und machte die Deckenbeleuchtung an.

»Was ist das?«, fragte Jürgen und machte große Augen.

»Darin ist mein Leben«, sagte Eva. Ihre Stimme klang melancholisch.

»In so einem Karton? Du willst mich wohl veräppeln.«

»Nein, eigentlich nicht. Ich schleppe die Schachtel schon ewig mit mir herum. Eigentlich hätte ich längst alles wegschmeißen sollen. Erst jetzt habe ich sie wieder aufgemacht, um nach dem Bild von mir und Saskia zu suchen.«

»Oh je ...« Jürgen richtete sich auf, so dass er mehr sehen konnte, als Eva den Deckel abhob. »Das sind aber viele Bilder.«

Eva sagte nichts mehr und kramte mit langen Fingern in den Fotos herum.

»Suchst du denn ein Bestimmtes?«, fragte Jürgen und gähnte. Eigentlich wäre er jetzt lieber ins Bett gegangen.

»Ich weiß nicht«, flüsterte Eva, »wenn ich es gefunden habe, dann sage ich dir Bescheid.«

Nach kurzer Zeit hörte sie Jürgens leises Röcheln hinter sich. Er war eingeschlafen. Und vielleicht hatte er sogar recht, mit allem, was er sagte. Doch Eva war jetzt hellwach und studierte jede Aufnahme, bis sie glaubte, die eine gefunden zu haben, die ihnen jetzt endlich weiterhelfen könnte.

Die Verwechslung

Eva lag, den Kopf an Jürgens Schulter gelehnt, auf dem Sofa, als sie von ihrem Handy geweckt wurde. Sie hielt die Aufnahme immer noch in der Hand. Sie war einfach so eingeschlafen. Als sie sich bewegte, um nach ihrem Handy zu greifen, wurde auch Jürgen wach.

»Mensch, hab ich einen Schädel«, sagte er. »Wer ruft denn jetzt schon an?«

»Schon ist gut«, murmelte Eva. »Gleich ist es neun.« Sie nahm das Gespräch an und hörte eine Weile zu.

Am anderen Ende war die Beamtin der Meldebehörde in Verden. Sie bedauerte, Eva mitteilen zu müssen, dass ihr ein unverzeihlicher Fehler unterlaufen sei, als sie nach der Familie Stresel gesucht hatte. Es sei nicht richtig, dass das alte Ehepaar in einem Altenheim in Bottrop verstorben sei. Da habe sie sich zu ihrem Bedauern geirrt. Vielmehr lebte die richtige Frau Stresel noch in einer Blockwohnung in Bremen. Ihres Wissens alleine. Ihr Vorname sei Christa und ihr Mann Bruno sei vor etwa zwei Jahren verstorben. Es täte ihr unendlich leid, dass ihr dieses Versehen unterlaufen sei und so weiter. Außerdem habe sie jetzt auch einen Robert ausfindig gemacht im Zusammenhang mit Christa und Bruno Stresel. Er wohne in Horumersiel, soweit sie das beurteilen könnte. Eva sagte ab und zu ja und danke. Dann legte sie auf und rannte zur Toilette und übergab sich.

»Was war das denn?«, fragte Jürgen, als Eva kreidebleich zurückkam.

Sie winkte ab und ließ sich aufs Sofa fallen.

»Wer hat angerufen?«, ließ Jürgen nicht locker. »Du siehst ja hundeelend aus. Nun sag schon.«

Eva erzählte ihm schließlich alles und hielt ihm dann die Fotografie hin, die sie gestern in der Schachtel entdeckt hatte.

Jürgen sah sich die Frau an. Sie kam ihm nicht bekannt vor. »Und, wer ist das jetzt? Ich nehme an, jemand aus deiner Vergangenheit.«

»Das ist Christa Stresel«, sagte Eva.

Bei Jürgen fiel der Groschen so langsam. »Deine Pflegemutter ... und die von Saskia und Sandra.«

Eva nickte. »Ganz genau. Ich wusste doch, dass der Name nicht stimmte, den die Beamtin uns zunächst genannt hatte. Doch ehrlich gesagt hatte ich ihn tatsächlich vergessen. Ich war ja nicht nur bei einer Pflegefamilie, weißt du.«

»Hm … ich verstehe aber immer noch nicht, was daran jetzt so dramatisch ist, ob sie jetzt tot ist oder noch lebt. Was ändert das denn?«

»Sie war diejenige, die uns den Schlüssel zu Saskias Wohnung gegeben hat, erinnerst du dich nicht?«

»Was? Ich verstehe nur noch Bahnhof. Außerdem sieht sie ja heute wohl nicht mehr so aus wie auf diesem alten Bild.«

»Nein, natürlich nicht. Deshalb habe ich sie auch nicht gleich erkannt.«

»Aber jetzt bist du dir plötzlich sicher. Echt, ich verstehe das nicht. Und warum ist das eigentlich so wichtig?«

»He, du hast wohl nicht richtig zugehört. Sie hat uns die Schlüssel zu Saskias Wohnung gegeben. Sie war in der Wohnung von nebenan. Und du erinnerst dich ja vielleicht, dass sie das zweite Mal nicht aufgemacht hat, als wir sie noch einmal sprechen wollten.«

Jürgen saß da und starrte Eva mit offenem Mund an. »Du hast recht, jetzt wo du es sagst.«

»Natürlich habe ich recht. Aber die Frage ist, was hat Christa Stresel in der Wohnung gemacht? Ihr Name stand nämlich nicht auf der Klingel, sonst hätte ich ja sofort reagiert.«

Jürgen fuhr sich wild durchs Haar und strich sich dann übers Gesicht. »Echt, mir ist das im Moment alles zu hoch. Ich muss erst mal unter die Dusche.«

Eva ärgerte sich, dass sie nicht weiter nachgeforscht hatte, warum die alte Dame nicht wieder geöffnet hatte. Und warum hatte sie ihre Pflegemutter eigentlich nicht gleich erkannt? Na ja, die Antwort war eher leicht. So lange war sie nicht in der Familie Stresel gewesen. Und meistens war sie sowieso auf ihrem Zimmer gewesen oder draußen auf der Straße. Sie hatte diese Familie gehasst. Während sie auf Jürgen wartete, der schon wieder unter der Dusche eines seiner Lieblingslieder pfiff, wählte sie die Nummer der Polizeidienststelle in Verden und ließ sich mit Faustmann verbinden.

»Du musst mir einen Gefallen tun«, sagte sie, »es geht um die Nachbarin von Saskia Lindner. Sie hat uns in Saskias Wohnung gelassen, und als wir später mit ihr reden wollten, hat sie nicht mehr aufgemacht.«

»Okay. Und warum ist das jetzt wichtig? Was hat die alte Dame denn mit Saskia zu tun?«

»Das ist eine lange Geschichte. Aber du musst unbedingt prüfen, was mit ihr ist. Und auf der Klingel steht der Name Feldmann. Aber du musst nach einer Christa

Stresel fragen. Das ist ganz wichtig. Ich warte hier auf deinen Anruf, wenn du das erledigt hast.«

Faustmann sagte nicht mehr viel und gab sich geschlagen.

Als Jürgen aus dem Bad kam, hatte Eva einen Kaffee fertig.

»Faustmann guckt in Verden nach dem rechten«, sagte sie.

»Du hast mal wieder alles im Griff«, sagte Jürgen. Er wirkte frisch und appetitlich mit seinen nassen zurückgekämmten Haaren. Eva erinnerte sich in diesem Moment daran, dass sie Saskia als kleines Kind gebadet hatte. Die Stresels hatten auf die großen Pflegekinder immer Aufgaben verteilt. Und auch der eigene Sohn Robert wurde für alles eingespannt.

»Wir sollten nach Horumersiel fahren«, sagte Eva nachdenklich. »Ich muss wissen, ob Robert der Mörder von Saskia und Sandra ist.«

»Und ob er es auch auf dich abgesehen hat«, ergänzte Jürgen.

Eva nickte. »Lass uns die nächste Fähre nehmen, und dann übernachten wir in Esens.«

»Ich komme mir langsam vor wie ein Vagabund«, sagte Jürgen und trank seinen Kaffee aus.

Als sie die nötigsten Sachen gepackt hatten, standen sie pünktlich am Fähranleger.

»Hoffentlich passiert hier nicht wieder ein Verbrechen, wenn wir nicht auf der Insel sind«, sagte Eva, als sie an Bord gingen.

»Kann ja nicht, du bist ja nicht hier.«

»Sehr pragmatisch, wie du wieder alles im Blick hast«, sagte sie und knuffte ihn am Arm. Auch wenn die Bedrohung ihr bis auf die Insel gefolgt war, so fühlte sie sich sicher, wenn sie in Jürgens Nähe war. Eigentlich war er seit langer Zeit der erste Mensch, bei dem das so war, dachte sie, als sie hinter ihm herlief, als sie unter Deck gingen.

Sie hatten noch nicht in Bensersiel angelegt, als Evas Handy klingelte und Faustmann anrief.

»Sie ist tot«, rief er Eva atemlos ins Ohr. »Wir haben gerade die Wohnung aufgebrochen.«

»Tot?«, fragte Eva zurück. »Bist du sicher, dass es Christa Stresel ist?«

»Woher zum Teufel soll ich das denn das wissen«, schimpfte Faustmann. »Auf jeden Fall ist die alte Frau in der Wohnung tot. Punkt.«

»Okay okay ... mach ein Foto mit dem Handy und schicke es mir bitte gleich«, sagte Eva in ruhigem Ton. »Was genau ist denn passiert?«

»Sie war an einen Küchenstuhl gefesselt«, sagte Faustmann jetzt versöhnlicher. »Sie muss verhungert oder verdurstet sein, oder beides ...«

»Und die Katze?« Eva erinnerte sich an das Tier in der Wohnung.

»Die lebt noch«, sagte Faustmann irritiert darüber, dass Eva sich an dieses Detail erinnerte. »Es steht frisches Futter und Wasser für sie auf der Spüle.«

Oh mein Gott, dachte Eva. Wieder eine Frau, die sie hätten retten können, wenn sie richtig reagiert hätte. Sie musste jetzt unbedingt wissen, ob es Christa Stresel war. »Schick mir bitte schnell das Foto«, sagte sie und legte auf.

Nach wenigen Augenblicken hatte sie Gewissheit. Der Mörder hatte auch ihre Pflegemutter umgebracht. Was war das nur für ein krankes Hirn? Warum hatte der Täter die Katze verschont?

Konnte es wirklich sein, dass es Robert war, der hier auf ganz makabre Art mit seiner Vergangenheit aufräumte? Aber warum? Seine Mutter hatte ihm nun wirklich nichts getan. Genauso wenig wie Saskia oder Sandra. Jedenfalls, soweit sie das beurteilen konnte. Doch leicht war das Leben von Robert keinesfalls gewesen, soviel war sicher.

»Das ist ja ein Ding«, sagte Jürgen, als Eva wieder ansprechbar schien.

»Das kann man wohl sagen. Es hat den Anschein, als könnten wir noch mit einer Reihe von Opfern rechnen, wenn meine Theorie stimmt.«

»Die da wäre?«

»Na ja, nehmen wir mal an, es ist Robert, der diese schrecklichen Morde begeht. Dann könnte es noch viel mehr Opfer geben, denn die Stresels hatten eine Menge Pflegekinder.«

»Und du denkst, dieser Robert murkst jetzt alle ab?«

»Oder er hat schon einige andere auf dem Gewissen, von denen wir nichts wissen. Das könnte ja auch sein.«

»Ach du lieber Gott...«

»Ich werde noch einmal mit der blöden Tusse im Einwohnermeldeamt sprechen müssen«, knurrte Eva. »Sie muss mir alle Daten von sämtlichen Pflegekindern liefern. Nachdem sie beim ersten Mal alles verpatzt hat, ist sie mir das schuldig.«

Jürgen sah sie nur an und erwiderte nichts mehr. Wenn Eva so drauf war, dann hielt man besser die Klappe.

Die Fähre legte an und sie nahmen sich ein Taxi nach Esens zu Klaras Wohnung.

Das Erste, was Eva machte, war im Einwohnermeldeamt in Verden anzurufen. Und sie blaffte nicht einmal in den Hörer.

»So, sie wird mir alles per Mail schicken, was sie finden kann. Und jetzt fahren wir nach Horumersiel.«

»Okay«, sagte Jürgen und sie gingen zum Wagen.

Klaras Opel schnurrte praktisch lautlos durch die platte Landschaft. Eva versuchte, ihre Gedanken zu ordnen. Und dabei ließ es sich leider nicht vermeiden, dass sie ganz tief in ihre Vergangenheit zurückblickte. Wie viele Kinder waren bei den Stresels, als sie auch dort gewesen war? Vielleicht fünf oder sechs mit Robert zusammen. Also fünf Pflegekinder. Und alle waren Mädchen gewesen. War das Zufall? Es gab doch auch Jungen, die nach einem Zuhause suchten. Es kroch etwas in ihr hoch, dass ihr schon wieder Übelkeit bereitete. Es war Bruno Stresel. Alles hing mit diesem Arschloch zusammen. Sie hatte ihn vom ersten Tag an gehasst. Ihr lief eine Gänsehaut über den Rücken, als sie sich sein Gesicht in Erinnerung rief. Eine dicke fleischige Nase und ein Mund, an dem in den Mundwinkeln getrocknete Spucke hing. Er trug immer dunkle karierte

Hemden und abgewetzte Cordhosen. Seine Hände hielten sich an seinen Hosenträgern fest, wenn er wieder einmal eine seiner Tiraden über Robert ergehen ließ. Der Junge konnte ihm nichts recht machen. Robert war schlau und auf dem Gymnasium, aber selbst eine eins in einer Mathearbeit konnte da nichts ausrichten. Während seine Mutter Christa ihn immer in Schutz nahm und versuchte, die kleinen Unachtsamkeiten, die einem jungen Mann nunmal passierten, unter den Teppich zu kehren, setzte es ein Donnerwetter, wenn Bruno das auch noch mitbekam. Es geschah nicht selten, dass seine Hand auch gegenüber seiner Frau ausrutschte. Es war laut im Hause Stresel. Zu laut für Eva. Sie verkroch sich meistens in dem Zimmer, das man ihr zusammen mit einem anderen Mädchen zugeteilt hatte. Wie hieß das Mädchen? Sie war ungefähr in ihrem Alter. Aber sie konnte sich einfach nicht an den Namen erinnern. Warum immer Mädchen?, ging es durch ihren Kopf. Ihre Hände klammerten sich jetzt um ihre Knie. Sie saß nach vorne gebeugt. Es war ihr schlecht.

»Eva? Was ist los? Soll ich anhalten?« Jürgen sah erschrocken zu ihr herüber. Bisher war ihm ihr Zustand gar nicht aufgefallen.

Eva schüttelte heftig den Kopf. »Nein, geht gleich wieder ...«

»Ist dir schlecht?«

Sie schluckte. »Alles Okay. Geht gleich vorbei ...«

Jürgen ging vom Gas und rollte jetzt noch mit dreißig über die Landstraße. Die Fahrer der Wagen hinter ihnen schalteten wütend zurück und zogen an ihnen vorbei.

»Ich halte jetzt an«, sagte Jürgen schließlich und steuerte auf eine Parkbucht im Grünen zu.

Als der Wagen stand, lehnte Eva sich zurück und atmete tief durch.

»Was ist denn los?« Jürgen legte ihr eine Hand auf die Schulter.

»Ach ... ich weiß auch nicht. Vielleicht liegt es am Wetterumschwung. Mir war plötzlich so übel.«

»Aha, das Wetter also.« Jürgen zog enttäuscht seine Hand zurück. Er wusste, dass sie log. Warum vertraute sie ihm denn immer noch nicht?

Es entstand eine bedrohliche Stille im Wagen. Eva kurbelte das Seitenfenster herunter und hängte ihren Arm raus.

»Wo sind wir jetzt eigentlich?«, fragte sie in neutralem Ton.

»Nicht mehr weit von Horumersiel«, sagte Jürgen. »Soll ich weiterfahren?« Auch seine Stimme war ohne Emotionen.

Eva wusste, dass es jetzt an ihr war, Farbe zu bekennen. Hatte sie sich nicht geschworen, Jürgen endlich mehr an sich heranzulassen? Überall folgte er ihr hin, egal, wie schwierig es auch war mit ihr. Er hatte es verdient, dass sie endlich mit den Spielchen aufhörte.

»Nein ... warte noch einen Moment«, sagte sie leise.

»Okay ...« Er kurbelte auch sein Fenster herunter und sah demonstrativ in die andere Richtung.

»Ich muss dir etwas sagen.« Eva räusperte sich. Jürgen drehte sich wieder zu ihr und sie sahen sich an. »So langsam kommen die Erinnerungen an damals zurück ...« Sie schluckte und versuchte, die ersten Tränen, die aufkamen, zu unterdrücken. Sein Blick machte sie machtlos.

»Hey ... ich bin da, wenn du mich brauchst, das weißt du doch.« Er lächelte.

»Hm ... ja.« Sie wischte sich übers Gesicht. »Es sind damals schreckliche Dinge bei den Stresels passiert ... eigentlich waren außer Robert nur Mädchen im Haus, ich meine, als Pflegekinder ... und der ...« Weiter kam sie nicht, denn Jürgen griff nach ihrer Hand.

»Schon gut«, sagte er und auch seine Stimme wurde weich. »Du musst nicht weiterreden, wenn du nicht willst.«

»Es kam alles wieder hoch, als die Beamtin die richtigen Namen der Stresels durchgab, dass es dieser Bruno Stresel war, der damals ...« Sie griff sich an den Hals. »Er war immer sehr gemein zu Robert.«

»Ich verstehe«, sagte Jürgen.

»Danke ...«

»Ich fahr jetzt weiter, okay? Über alles andere können wir später sprechen.«

Eva nickte dankbar.

Robert

Sicher war er kein Hellseher, aber wenn diese Leute da draußen in dem alten Opel glaubten, er hätte sie nicht bemerkt, dann mussten sie noch dümmer sein als er.

Und jetzt waren sie sogar ausgestiegen und schlichen um sein Grundstück herum. Er musste lachen, als die Frau sich an einem Strauch verhedderte und vor sich hinfluchte. Hätte er sich bloß schon einen Hund angeschafft, wie er es eigentlich vorhatte. Joseph aalte sich auf der Fensterbank und genoss die Herbstsonne. Sollte er einfach rausgehen und den beiden die Arbeit erleichtern?

»Kann ich etwas für Sie tun?«, rief er, als er schließlich vor die Tür getreten war.

Eva streckte als Erstes ihren Kopf hinter einer großen alten Eiche hervor. »Er hat uns entdeckt«, flüsterte sie Jürgen zu, der noch in Deckung war.

»Dann kann ich ja endlich wieder aufrecht laufen«, schnaubte Jürgen und kam aus der Hocke hoch.

»Der hat überhaupt keine Angst«, wunderte sich Eva. Sie erkannte Robert nicht wieder. Es lagen ja auch viele Jahre zwischen ihnen. Er war jetzt ein erwachsener Mann Mitte fünfzig. Mindestens einen Meter neunzig groß und sah wirklich recht gut aus. Und gar nicht wie ein Serienmörder, war ihr nächster Gedanke.

Robert stand noch immer auf dem Holzpodest vor seiner Tür als Eva und Jürgen auf ihn zukamen.

»Was machen Sie da in meinem Garten?«, fragte er und steckte seine Hände in die Hosentaschen. Seine Mundwinkel umspielte ein Lächeln, er nahm sie beide offensichtlich nicht für voll. Sicher sehen wir aus wie ein altes Ehepaar, das Pilze sucht, dachte Eva frustriert.

»Ich bin Eva Sturm«, sagte sie, »sicher erinnern Sie sich nicht mehr an mich.«

Robert fuhr sich mit einer Hand durchs dunkle Haar und machte ein nachdenkliches Gesicht. »Eva?«, fragte er, »bist du es wirklich?«

Sie nickte. »Ist lange her, oder?«

»Mensch, das kann man wohl sagen.« Roberts Gesicht war in diesem Moment nicht mehr zu deuten. Es zeigte Freude, Anspannung und den trüben Blick auf Vergangenes in einem. »Was machst du hier?«

»Das ist eine lange Geschichte«, antwortete sie. Konnte sie ihm wirklich trauen? »Vielleicht können wir erst mal reinkommen.«

Roberts dunkle Augen sahen sie misstrauisch an.

»Ich bin jetzt bei der Polizei«, erklärte Eva. »Es geht um eine Mordserie.«

»Jesses«, entfuhr es Robert. »Und ich habe damit zu tun?«, schaltete er. Denn warum sonst sollten diese beiden hier in seinem Garten herumkriechen.

»Deine Mutter wurde ermordet«, sagte Eva ohne Umschweife.

»Was? Wieso weiß ich davon denn nichts?«

»Wir wissen es auch noch nicht lange. Sie wurde erst vor ein paar Stunden tot in einer Wohnung in Verden entdeckt.«

»Verden? Ich kapier jetzt gar nichts mehr.« Robert machte Anstalten ins Haus zu gehen. »Kommt rein, ich mach uns mal einen starken Kaffee, den hab ich jetzt nämlich nötig.«

Konnte er sich wirklich so verstellen? Eva beobachtete Robert, als er an der Kaffeemaschine hantierte. Seine schlanken Hände verrieten nichts, als er die Tassen auf den Tisch stellte. Er schien offensichtlich wirklich entsetzt, dass seine Mutter ermordet worden war. Auch wenn er seine Emotionen gut im Griff zu haben schien.

»Ich verstehe immer noch nicht, was du jetzt eigentlich damit zu tun hast, Eva«, sagte er, als sie den Kaffee tranken.

»Man hat die anderen Opfer auf Langeoog gefunden, dort, wo ich wohne und arbeite.«

»Das ist ja ein wahnsinniger Zufall.«

»Das ist es wohl leider nicht«, sagte sie. Er machte große Augen. »Nun, deine beiden Pflegeschwestern Saskia und Sandra wurden auch ermordet, und zwar auf Langeoog.«

»Ich verstehe nur noch Bahnhof«, sagte Robert. »Ich erinnere mich an die beiden, ich musste ja immer auf sie aufpassen.«

»Ich weiß, du hast dir so manchen Rüffel eingefangen, wenn die Kleinen mal wieder was ausgefressen hatten.« Eva lachte wehmütig.

»Ja, der Alte hat immer auf mir herumgehackt«, sagte Robert und seine Stimme bekam einen traurigen Unterton. »Ich habe ihn gehasst, aber da erzähle ich dir wohl nichts Neues.«

Eva stimmte ihm zu. »Nein, mir ging es ja ähnlich. Er war ein Dreckschwein.«

»Oh ja. Lebt der eigentlich noch?«

»Nein, der ist verstorben.«

»Gott sei Dank.«

Jürgen sah von einem zum andern. Es musste wirklich schlimm gewesen sein, was in der Familie Stresel abgegangen zu sein schien. Und irgendwie kam er sich hier im Moment überflüssig vor. Ja, vielleicht war er sogar ein bisschen eifersüchtig, weil dieser Robert etwas mit Eva teilte, an das er nie herankommen würde. Sie verstanden einander, weil sie etwas gemeinsam hatten. »Ich geh mir mal ein bisschen die Beine vertreten«, sagte er und ging vor die Tür.

Eva und Robert sahen Jürgen nach.
»Dein Kollege?«
»Hm ... so etwas in der Art«, wich Eva aus.
»Und du wolltest mir jetzt die Todesnachricht persönlich überbringen?«
»Na ja, eigentlich ...« Eva wusste nicht, wie sie ihm erklären sollte, dass er im Moment zu ihren Hauptverdächtigen gehörte.
»Aber dann wärt ihr bestimmt nicht so um mein Haus herumgeschlichen, sondern du hättest einfach geklingelt.« Robert zählte eins und eins zusammen. »Ihr habt mich doch wohl nicht etwa in Verdacht?« Erschrocken wich er zurück.
»Ich habe mich beim Einwohnermeldeamt nach allen Angehörigen der Stresels erkundigt«, sagte sie. »Und dann erfuhr ich, dass du hier wohnst.«
»Und das macht mich zu einem Verdächtigen?« Robert stand auf und lief zur Fensterbank, um Joseph über den Rücken zu streicheln.

Eine Katze, dachte Eva. Genau wie in der Wohnung, in der Christa Stresel ermordet worden war.

»Nein, natürlich nicht. Aber da diese beiden Opfer auf Langeoog auch etwas mit dir zu tun hatten, musste ich dich natürlich auch befragen. Und jetzt, da deine Mutter auch tot ist, umso mehr.«

»Tolle Logik«, sagte Robert. Der Kater schlug nach ihm. Offensichtlich war er für derart Liebkosungen vor Fremden nicht empfänglich oder er spürte an Roberts Stimme, dass etwas nicht stimmte.

»He, setz dich bitte wieder hin. Wir können ja über alles in Ruhe reden«, bat Eva. Sie sah den traurigen Blick von Robert, als er sich ihr wieder zuwandte.

»Wieso lebst du jetzt eigentlich ausgerechnet hier in dieser Einöde?«, fuhr sie fort, als er ihr wieder gegenübersaß.

»Du bist doch auch auf Langeoog«, konterte er. »Wo ist da denn der Unterschied?«

»Ich bin gegen meinen Willen dahin versetzt worden, das ist etwas anderes. Lebst du hier ganz alleine?«

»Ich habe Joseph«, er zeigte auf den Kater und sah dann auf seine Hand, die rote Kratzspuren trug. »Das reicht mir an Gesellschaft. Ich mag keine Menschen.«

Eva konnte ihn nur zu gut verstehen. Wenn man unter Bruno großgeworden war, dann war es schwer, in Menschen noch etwas Gutes zu sehen.

»Aber Christa war immer auf deiner Seite ...«

»Ja, das stimmt. Aber was konnte meine Mutter schon gegen diesen Tyrannen ausrichten? Doch gar nichts. Und dann hat das Schwein sich auch noch lauter kleine Mädchen ins Haus geholt ...« Robert lief rot an vor Zorn.

Und Eva war eines dieser Mädchen gewesen. Es wurde ihr schon wieder übel.

Und als könne Robert Gedanken lesen, sagte er: »Hat er dich auch ... ich meine ... du weißt schon.«

»Darum geht es jetzt nicht«, wehrte Eva ab. Vor ihrem inneren Auge lief etwas ab, an das sie nie mehr im Leben erinnert werden wollte. Sie sah eine Hand, die ...

»Ich bin gleich wieder da«, sagte sie schnell, und lief in den Flur.

»Gleich die erste Tür links«, rief Robert ihr nach. Manche Dinge hörten einfach niemals auf.

Eva hing über der Kloschlüssel, aber es kam nichts. Es war nur immer diese Übelkeit und die Angst davor, dass etwas geschah, dass sie nicht verhindern konnte. Diese saß ganz tief. Sie musste an das gemeinsame Wochenende mit Katrin und Lisa denken. Die beiden waren so ehrlich gewesen. Doch sie hatte nur von diesen albernen Drohbriefchen erzählt. War sie feige? Vielleicht. Doch wer erzählte anderen schon gerne, dass er begrapscht worden war von seinem eigenen Pflegevater. Man fühlte sich schmutzig und klein. Nichts, was man gerne in launiger Runde preisgab. Und selbst nicht, als sie wie eine verschworene Gemeinschaft zusammengehalten hatten, hätte Eva davon erzählen können. Niemals. Sie kam von den Knien wieder hoch und stellte sich ans Waschbecken. Sie musste lächeln. Das Haus war eine alte Bauernkate. Und so sah es hier auch aus. Ein Waschbecken, wie man es vielleicht noch auf uralten Bahnhöfen fand, die längst stillgelegt waren. Und der Spiegel nur an vier Ecken schmucklos aufgehängt. Eben funktional. Und offensichtlich hatte Robert genau so etwas gebraucht, um mit seiner kranken Kindheit abschließen zu können. Na ja, jedenfalls hinter sich lassen. Wenigstens das. Und darum gefiel es ihr ja eigentlich auf Langeoog mittlerweile auch ganz gut. Da hatte sie Jürgen, den einzigen Menschen, den sie ansatzweise um sich herum ertrug.

Sie ließ kaltes Wasser über ihre Hände laufen und klatschte sich eine Handvoll ins Gesicht. Wie sah sie eigentlich aus? Ihr Gesicht hatte rote Flecken. Wo war Jürgen eigentlich abgeblieben? Sicher hatte er gespürt, dass sie mit Robert allein sein wollte, wenn alles wieder hochkam.

Sie trocknete sich ab, schnäuzte sich noch die Nase mit einem Stück hartem billigen Klopapier und ging zurück in die Küche.

»Na geht's wieder?« Robert saß noch immer am Küchentisch. Der Kaffee war inzwischen kalt geworden. »Soll ich Neuen machen?«

»Ne, lass man«, antwortete Eva. »Aber ein Glas Wasser wäre jetzt nicht schlecht.«

Er stand auf und ging zum Kühlschrank, zog eine Flasche heraus und brachte zwei Gläser mit.

»Es ist alles Scheiße, was damals gelaufen ist. Man wird das nie los …« Er schenkte für sie beide ein.

»Bist du deshalb auch hierher nach Horumersiel geflüchtet?« Eva trank dankbar einen großen Schluck Wasser. Endlich konnte sie mit jemandem reden, dem sie nichts vormachen musste.

»Geflüchtet? Ich weiß nicht. Aber ich habe es in der Großstadt nicht mehr ausgehalten. Diese ganzen Gesichter, die einen Tag für Tag verfolgen. Menschen ohne Namen. Niemals ist man für sich.«

»Du hattest also keinen Kontakt mehr zu deiner Mutter?«

»Nein, schon seit vielen vielen Jahren nicht mehr. Ich wollte einfach dem Alten nicht mehr über den Weg laufen. Es tat mir um meine Mutter leid, aber es ging einfach nicht.«

»Deshalb wusstest du auch wohl nicht, dass er längst gestorben war ...«

»Nein, leider nicht. Sonst wäre ich bestimmt mal da runter gefahren.« Sein Bedauern klang ehrlich.

»Und Saskia und Sandra und die ganzen anderen Mädchen? Hast du auch zu ihnen keinen Kontakt mehr gehabt?« Eva sah ihm direkt in die dunklen traurigen Augen.

»Nein, ich habe keine von ihnen je wiedergesehen. Ich war nur froh um ihretwillen, wenn sie endlich den Absprung aus dem Hause Stresel geschafft hatten.« Er lachte bitter auf. »Vielleicht bin ich auch nur deshalb so lange zuhause geblieben, um das Schlimmste für sie zu verhindern. Ich hab ja ordentlich Schläge dafür kassiert. Aber wenn es für die Mädchen hilfreich war, dann war es die Sache wert.«

Er klang so traurig und verbittert, dachte Eva. Und doch konnte sie alles, was er sagte, nachvollziehen. Für sie gehörte er eindeutig nicht mehr auf die Fahndungsliste. Aber wen sollten sie dann jagen?

Durchatmen in Esens

Jürgen war irgendwann wieder in die Küche gekommen, und Eva hatte die Situation genutzt. Sie hatte sich von Robert verabschiedet und ihm gesagt, dass sie ihm glaubte. Er hatte angeboten, sie weiter zu unterstützen, wenn es nötig sei.

Eva hatte lange auf das alte Bauernhaus gestarrt, vor dem Robert mit den Händen in den Taschen stand und ihnen nachsah.
»Er war es nicht«, sagte sie schließlich, als das Haus nicht mehr zu sehen war.
»Ich glaube, du bist ganz froh darüber, oder?«
»Irgendwie schon. Er hat es nie leicht gehabt im Leben.
Jürgen lag etwas auf der Zunge, doch er behielt es für sich. Er fuhr Richtung Esens. Unterwegs schlief Eva sogar ein.

»Ich werde jetzt erst mal meine Mails checken«, sagte sie, als sie in Esens angekommen waren. Sie klappte ihren Laptop auf.
Jürgen ging ins Gästezimmer, um sich für die Nacht einzurichten. Sicher würden sie am Abend irgendwo in Esens essen gehen. Und dann am nächsten Tag wieder

nach Verden fahren. Ach du lieber Gott. Er war es manchmal so leid, dieses ewige Herumgegurke in dem alten Wagen. Sein Rücken fühlte sich jedes Mal wie gerädert an. Doch das würde er Eva gegenüber natürlich niemals zugeben.

»Na, was gekommen?«, fragte er, als er wieder zu Eva ins Wohnzimmer kam.
»Ja, sie hat ein paar Namen geschickt, die ich gerade von Faustmann checken lasse.«
»Wie viele sind es denn?«
»Acht Mädchen bisher«, sagte Eva gedehnt.
»Ach herrje, nicht auszudenken, wenn ...«
»Du sagst es.«
»Will er sich wieder melden?«
»Ja.«
»Dann könnten wir doch was essen gehen, was meinst du?«
»Sicher, er ruft ja auf dem Handy an. Ich möchte mich nur noch ein bisschen frisch machen.«
»Klar.«

Eine Stunde später saßen sie in einem netten Lokal und bestellten sich jeder einen Fischteller. Doch Eva fehlte der richtige Appetit. Dafür bestellte sie sich einen Weißwein mehr.

»Hast du Mitleid mit ihm?«, fragte Jürgen plötzlich.

»Mit wem? Mit Robert?« Sie hielt ihr Glas gegen das Fenster und die Welt da draußen stand Kopf.

»Es ist doch irgendwie komisch, dass er da so alleine wohnt in dieser Einöde.«

»So komisch finde ich den Gedanken gar nicht«, sagte Eva und nahm einen großen Schluck. »Es hat auch seine Vorteile, wenn man machen kann, was man will.«

»Und wovon lebt er? Arbeitet er irgendwo?«

»Nein, er ist arbeitslos, seitdem er hier oben wohnt. Er ist Ingenieur und hat Geld zurückgelegt von früheren Jobs. Und er findet bestimmt was, wenn er will. Aber ich glaube, er ist noch nicht soweit.«

»Tja, man muss sein Leben irgendwie meistern«, seufzte Jürgen. Er bestellte zwei Schnaps für sie beide. »Prost, auf die Zukunft.«

»Hui, so theatralisch«, kicherte Eva. Der Wein tat seine Wirkung.

»Ach, mir ist danach«, sagte Jürgen. »Man muss doch auch mal nach vorne gucken, oder?«

»Besonders wir, mein Lieber. Besonders wir.«

Gegen dreiundzwanzig Uhr machten sie sich auf den Weg in Klaras Wohnung. Faustmann hatte sich noch nicht gemeldet.

Eva hatte keine Lust, jetzt schon ins Bett zu gehen und mit ihren quälenden Gedanken alleine zu sein.

»Soll ich noch einen Wein aufmachen?«, fragte Jürgen, der ihre Gedanken wieder mal las, als sie unschlüssig im Wohnzimmer stand.

»Ja, bitte ...« Sie setzte sich aufs Sofa und sah in die Nacht.

Lautlos kam Jürgen mit zwei Gläsern zurück, setzte sich neben sie und sie stießen an.

»Schönes Licht«, sagte er.

»Ja.«

Er legte einen Arm um sie. »Du weißt, dass du auf mich zählen kannst, Eva. Egal was kommt.«

»Ja.«

»Ich glaube, ich liebe dich«, sagte er leise.

»Ich weiß«, flüsterte sie und legte ihren Kopf an seine Schulter.

Aufgewacht

Eva rieb sich die Augen, als sie am nächsten Morgen aufwachte. Sie lag alleine in ihrem Bett. Hatte sie vielleicht nur geträumt, dass Jürgen diese berühmten drei Worte gesagt hatte? Möglich wäre es ja nach dem ganzen Wein am gestrigen Abend. Sie durchfuhr ein wohliges Gefühl, bei dem Gedanken, dass es doch wahr sein könnte. Diese Zauberworte aus dem Mund eines Mannes. Das erste Mal in ihrem Leben waren sie für sie bestimmt gewesen. Die kleine traurige Eva hatte auch mal Glück. Sie zog die Bettdecke fest an sich und kuschelte sich hinein. Was interessierten sie jetzt irgendwelche Leichen oder dieser störrische Faustmann in Verden? Vielleicht sollte sie einfach bei der Polizei kündigen und mit Jürgen ein altes Bauernhaus kaufen. So eines, wie Robert es hatte. Einfach der Welt mal den Rücken kehren. Schließlich war sie nicht für alles verantwortlich oder zuständig, was da draußen vor sich ging. Sie schloss die Augen und stellte sich vor, dass sie gleich auf der Terrasse mit Blick in einen verwunschenen Garten frühstücken würden. Dann hörte sie Jürgens Stimme.

»Eva? Bist du schon wach?« Er klopfte zaghaft an Klaras Schlafzimmertür.

»Ja, ich komme gleich«, sagte sie schnell, bevor er auch noch hereinkam und sie hier mit glühenden Wangen vorfand.

»Okay, der Kaffee ist fertig und ich habe auch schon Brötchen geholt.« Er lief wieder in die Küche.

Eva kroch nur ungern aus den Federn. Dann stand sie unter der Dusche und ließ das Wasser warm über ihren Rücken rauschen. Sollte sie gleich einfach so tun, als ob sie sich an nichts erinnern könnte? Sicher die einfachste Variante.

»Dein Handy hat schon dreimal geklingelt«, sagte Jürgen und sah über den Zeitungsrand.

»Oh, sicher der Faustmann.« Eva griff nach ihrem Telefon. »Ja, er war es«, sagte sie. »Ich werde ihn gleich mal anrufen.«

Sie wählte und wartete.

»Ja, hallo, Eva hier ...«

Sie hörte zu und beendete das Gespräch mit dem Hinweis, dass es Robert Stresel nach ihrer Einschätzung nicht gewesen sein könnte.

»Die anderen leben noch alle«, sagte sie in Richtung Jürgen. »Gott sei Dank.«

Jo, dann muss ich hoffentlich nicht wieder Auto fahren, dachte Jürgen und sagte: »Dann ist Saskia wohl sein erstes Opfer gewesen.«

»Ja, scheint so. Faustmann wird die anderen Pflegekinder durch seine Kollegen informieren lassen. Wahrscheinlich bekommen sie Personenschutz, bis der Täter gefasst ist.«

»Und was machen wir?«

»Tja ...«

»Eigentlich könnten wir doch wieder nach Langeoog rüber.«

»Im Prinzip schon.«

Er spürte, dass sie noch nicht bereit dafür war.

»Du willst dich noch um Robert kümmern, hab ich recht.«

Eva zuckte mit den Schultern. »Kümmern ist sicher das falsche Wort, er kommt schon zurecht, glaube ich.«

»Was ist es dann? Willst du nochmal nach Verden?«

»Nein, das macht Faustmann schon.«

»Also willst du einfach nur hierbleiben?« Jürgen legte die Zeitung beiseite.

»Ich weiß es nicht ... vielleicht sollte ich endlich einmal Klara besuchen.«

Aha, Eva hatte also die Nase voll von dem Fall. Denn immer dann fiel ihr ihre alte Freundin ein.

»Sicher, wir können ja nach dem Frühstück bei ihr vorbeifahren«, schlug er vor.

»Vielleicht hätte ich den Fall gleich zu Anfang abgeben sollen«, maulte Eva und rührte in ihrem Kaffee herum. »Wenn ich jetzt versage, dann wird man sagen, dass ich nicht klar denken konnte und uns deshalb der Täter durch die Lappen gegangen ist.«

»Das wird schon nicht passieren«, meinte Jürgen. »Wir müssen den Fall einfach noch einmal neu überdenken und uns fragen, wer noch ein Interesse daran haben könnte, diese Menschen, die ein ganz eigenwilliges Schicksal miteinander verbindet, auszulöschen.«

Evas Gesicht hellte sich auf. Sicher hatte sie doch nicht geträumt. Denn sein Blick war irgendwie anders als sonst.

»Du hast recht«, bestätigte sie. »Ich werde den Kopf nicht in den Sand stecken. Jetzt erst recht nicht. Wir werden das Schwein finden, das es ja letztlich auch auf mich abgesehen hat.«

Auf der Lauer

Wie lange wollten diese Einfaltspinsel denn noch in Esens herumhängen? Wütend schlug er mit der Faust aufs Lenkrad. Sie machte es ihm wirklich nicht leicht. Und immer schwänzelte dieser Typ um sie herum. Praktisch als persönlicher Leibwächter. Und dabei wollte er Eva doch nur helfen.

Gestern waren sie auch bei Robert gewesen. Dieser arme Kerl. Durch Eva hatte er zum ersten Mal erfahren, was aus dem armen Jungen von damals geworden war. Er hatte ihn aus den Augen verloren, weil er sich in erster Linie um die Rettung der Mädchen kümmern musste. Das war seine Aufgabe. Es war damals mehr als einmal aktenkundig geworden, dass der Junge blaue Striemen auf dem Rücken hatte. Doch dass Jungen Schläge manchmal auch verdient hatten, davon gingen damals viele aus. Und gerade die Familie Stresel, die doch so viel Gutes tat für Heimkinder, wer wollte es ihnen verübeln, dass ihnen die Sache auch mal über den Kopf wuchs. Es wurden alle Augen zugedrückt und Roberts Akte wieder zugeschlagen.

Er sah auf seine Uhr. Gleich war es elf. Irgendwann mussten sie doch aus der gottverdammten Wohnung herauskommen. Die Zeit drängte, er musste Eva alleine erwischen. Die ganze Arbeit, die er sich mit Saskia und Sandra gemacht hatte, konnte doch nicht umsonst gewesen sein. Vielleicht wäre es doch klüger gewesen, Eva einfach von der Insel zu holen. Aber jetzt war es zu spät. Er musste die Sache durchziehen und hier und jetzt zu Ende bringen.

Klara

Eva bat Jürgen, im Wagen zu warten und er verstand.

An der Rezeption sagte man ihr, dass Klara in dem großen Aufenthaltsraum mit den anderen sei, wo man sich an den Vormittagen immer zu Gesellschaftsspielen einfand.

Und tatsächlich erkannte Eva ihre alte Freundin sofort. Doch von Freude war da keine Spur. Klara saß in einem Rollstuhl, rechts und links unterm Arm ein Kissen gequetscht, damit sie nicht herausfiel. Ihr Gesicht war einer Gruppe von alten Damen zugewandt, die an einem Tisch »Mensch ärgere dich nicht« spielten. Doch ihr Blick war leer. Sicher bekam sie von alledem gar nichts mit. Ein Speichelfaden lief ihren Mundwinkel herab. Eva zerriss es das Herz.

»Sie haben sie wohl lange nicht mehr gesehen?«, sagte eine freundliche Stimme neben Eva.

»Nein, das ist schon eine Weile her«, gab Eva zu und schluckte. »Bekommt sie denn überhaupt noch etwas mit?«

»Nicht sehr viel«, erklärte die Pflegerin. »Es gibt Tage, da scheint sie noch bei uns zu sein, aber meistens ... ihre Tochter kommt einmal im Monat für ein paar Tage her und kümmert sich um sie. Aber so viel Zeit hat sie auch leider nicht.«

»Zeit …«, sagte Eva und biss sich auf die Innenseite ihrer Wange, um nicht loszuheulen.

»Sie können ruhig zu ihr gehen und ihre Hand halten. Das bekommt sie bestimmt noch mit. Vielleicht erkennt sie Sie dann sogar.« Die junge Frau ging weiter.

»Ich bin's Eva.« Eva beugte sich zu Klara herab und griff nach ihrer Hand.

Die alte Frau drehte ihren Kopf in ihre Richtung. Die kleinen grauen Augen wanderten in dem Gesicht hin und her. Jetzt erwiderte sie den Druck der Hand und Eva liefen dicke Tränen übers Gesicht. Sie schämte sich nicht dafür und zog sich einen Stuhl heran. Sie setzte sich zu Klara und erzählte ihr von den Ereignissen, die sie gerade beschäftigten. »Er liebt mich«, schloss sie. Das erste Mal huschte ein Lächeln über Klaras Gesicht. Sie hatte verstanden.

Mit rotverheulten Augen stieg Eva wieder in den Wagen. Jürgen sagte nichts und startete. Egal wohin, nur weg von hier, das wusste er. Dafür kannte er Eva schon gut genug. Er steuerte eine Tankstelle an und besorgte für beide einen Cognac und einen Kaffee.

»Hat sie dich noch erkannt?«

Eva nickte dankbar. »Ja, das hat sie. Es tat gut, sie wieder zu sehen.«

»Das ist schön.«

»Sie sitzt im Rollstuhl, die ganze Zeit …«

»Wer weiß, wie wir einmal enden werden. Es ist nie leicht, alt zu werden.« Jürgen sprach die Dinge immer direkt aus.

»Ich weiß nicht, ob ich so überhaupt noch leben möchte. Ist das egoistisch, so etwas zu sagen?«

»Vielleicht. Aber letztendlich sollte so etwas kein Tabuthema sein. Hast du eigentlich eine Patientenverfügung?«

»Du meinst so ein Ding, wo ich anderen erlaube, über mein Leben zu entscheiden?«

»Na, ganz so ist es ja nicht. Darin legst du fest, was man im Falle eines Falles …«

»Ich weiß das doch«, fuhr Eva dazwischen. »Nein, ich habe so was nicht. Du denn?«

»Ja, ich habe das mal aufsetzen lassen. Schließlich war ich ja alleine, da muss das doch geregelt sein.«

Er hat *war* gesagt. In Eva hüpfte es. Es war wohl doch kein Traum gewesen.

Bevor sie etwas erwidern konnte, klingelte ihr Handy.

»Faustmann schon wieder«, sagte sie mit Blick aufs Display. »Eigentlich habe ich gar keine Lust, jetzt mit ihm zu sprechen.«

»Dann geh doch einfach nicht ran. Er wird schon eine Nachricht hinterlassen.«

Nach fünfmaligem Klingeln gab Faustmann auf.

Eva hörte sich kurz darauf die Nachricht an.

Faustmann hier. Es gibt einen Hinweis auf einen Mann, der sich früher um die Familie Stresel gekümmert hat. Ruf doch mal zurück.

Sie wollte zurückrufen, als jäh ihre Beifahrertür aufgerissen wurde. Erschrocken wich sie zurück und Jürgen sah entsetzt zu ihr herüber.

»Los, rauskommen!« Ein Fremder fuchtelte mit einer Waffe vor ihr herum.

Eva hob automatisch ihre Hände hoch.

»Was soll das?«, fragte Jürgen in barschem Ton.

»Klappe halten. Wenn Sie uns folgen, dann ist Eva tot.«

Eva stieg aus dem Wagen und der Fremde drückte sie mit Nachdruck gegen den Wagen. »Los, Taschen entleeren. Du hast doch sicher eine Waffe dabei.«

»In meinem Rucksack«, sagte Eva und zeigte auf den Innenraum des Wagens. Er tastete sie trotzdem ab und sie musste sich fast übergeben.

»Okay«, sagte er und schob sie in Richtung seines Wagens, den er hinter einer Hecke geparkt hatte. »Und kein Mucks, sonst drücke ich ab.«

Was blieb Eva übrig? Natürlich hätte sie jetzt versuchen können, ihre alten Kampftechniken, die sie vor über zwanzig Jahren noch aus dem Effeff beherrschte, anzuwenden. Aber der Mann war mindestens einen Kopf größer und sehr kräftig. Und dann die Waffe. Sie entschloss sich, erst einmal zu gehorchen. Und Jürgen würde sie beide ganz sicher nicht aus den Augen lassen, da konnte dieser Typ noch so sehr mit seiner Waffe herumfuchteln.

Jürgen konnte nur tatenlos zusehen, wie dieser Verbrecher mit Eva hinter dem Grünzeug verschwand. Was sollte er jetzt machen? Bis er die nächste Polizeidienststelle informiert hatte, war der Täter doch über alle Berge. Er wusste im Moment ja nicht einmal, was für einen Wagen der Kerl fuhr.

Also legte er den ersten Gang ein und ließ den Wagen vom Gelände der Tankstelle rollen. Wenn er Glück hatte, dann konnte er vielleicht noch das Kennzeichen oder die Automarke erkennen.

Und Jürgen hatte Glück. Es war ein dunkelroter VW-Golf. Ein älteres Modell mit Bremer Kennzeichen. Na so ein Zufall aber auch. Hoffentlich konnte er sich das eine Weile merken. Er nahm die Verfolgung auf und zog währenddessen sein Handy aus der Hosentasche. Natürlich war der Akku leer. So ein Mist. Er benutzte das Ding einfach zu selten. Umso wichtiger war es jetzt, den Golf nicht aus den Augen zu verlieren.

Entführt

Eva versuchte hin und wieder, einen Seitenblick auf ihren Entführer zu erhaschen. Er war bestimmt über sechzig. Sein Haar war noch voll, aber stark ergraut. Er trug einen Drei-Tage-Bart, was auch seiner Entführungsaktion hier geschuldet sein konnte. Sie ging davon aus, dass er sie schon länger beobachtete und verfolgte. War er der Täter, nach dem sie gesucht hatte?

Er hielt die Waffe noch immer in der linken Hand, während er den Wagen steuerte.

»Wo fahren Sie mit mir hin?«, fragte sie schließlich, als er auf die Autobahn Richtung Oldenburg fuhr.

Er antwortete nicht. Schweiß lief seine Stirn herunter. Sicher schwitzte er unter seinem dunkelgrünen Wolljackett. Wer trug eigentlich so etwas um diese Jahreszeit?

»Sind Sie der Mörder von Saskia und Sandra? Und sicher haben Sie auch Christa Stresel auf dem Gewissen.«

Er sagte immer noch nichts.

»Was soll das? Wo wollen Sie mit mir hin?« Es war jetzt wichtig, dass sie irgendwie Kontakt zu ihm bekam, bevor er an der nächsten Raststätte hielt und sie einfach abknallte. Aber würde das zu seiner bisherigen Methode überhaupt passen? Saskia und Sandra waren was fast in den Tod hinübergeglitten. Doch bei Christa Stresel sah die Sache schon ganz anders aus. Auf welcher Stufe der Opfer stand sie selbst?, fragte sich Eva. Sanft oder brutal? Wie würde er sie ins Jenseits befördern?

Als der Wagen wieder von der Autobahn fuhr, ging es Richtung Westerstede weiter. Eva kannte sich hier nicht aus. Ab und zu hatte sie versucht, Jürgen im Beifahrerspiegel zu entdecken. Doch selbst, wenn er ihnen gefolgt war, jetzt an der Abfahrt war er nicht mehr zu sehen. Sie war jetzt mit ihrem Entführer allein.

Der Fremde bog in ein paar Seitenstraßen nach links und rechts ein, bis sie schließlich irgendwo in der freien Natur standen, wo es nur noch Wiesen und Bäume gab. Kein Mensch weit und breit. Evas Herz schlug bis zum Hals, als er den Wagen abstellte und die Waffe wieder auf sie richtete.

Jürgen in Panik

In Jürgen arbeitete es fieberhaft. Er hatte das Kennzeichen. Als der Wagen auf die Autobahn fuhr, war es ihm zu riskant erschienen, ihnen zu folgen. Er wollte Evas Leben nicht aufs Spiel setzen.

Stattdessen war er an den nächsten Kiosk gefahren und hatte nach einem Telefon gefragt. Er wählte 110 und erklärte in groben Zügen, worum es ging. Dabei blieb er ganz ruhig, damit man ihn nicht für einen Irren hielt, der sich nur wichtigmachen wollte.

Nachdem er alle relevanten Angaben gemacht hatte, gab er auch noch Evas Handynummer durch. Das konnte man sicher orten und sie dann retten.

Die Beamtin am anderen Ende wiederholte alles zig Mal, so dass Jürgen mehr als einmal kurz davor war, auszuplatzen. Als sie ihn bat, seinen Namen und Kontaktdaten zum wiederholten Male zu bestätigen, ballte er eine Faust, so dass ihm die Hand wehtat.

Endlich hörte sie dann auf, ihn mit Fragen zu löchern. Hoffentlich fand man Eva bald.

Der Kioskbesitzer hatte mit halbem Ohr zugehört und sah Jürgen misstrauisch an, als er aufgelegt hatte.

»Keine Sorge, es ist alles wahr, was ich gesagt habe. Meine Bekannte ist entführt worden. Hoffentlich findet die Polizei sie bald.«

»Entführt?«, fragte der Kioskbesitzer. »Wieso denn?«

Jürgen lachte auf. »Tja, wenn ich das wüsste ... sie ist Polizistin und kurz vor der Lösung eines Falles. Mehr darf ich dazu wirklich nicht sagen.«

»Ach du Scheiße«, sagte der Mann und sein Gesicht entkrampfte sich. »Kommen Sie, ich mach uns erst mal einen Kaffee. Sie können jetzt sowieso nichts tun als warten.«

Alles nur zu ihrem Besten

»Hören Sie, noch ist es nicht zu spät. Sie können noch zurück.« Eva starrte auf die Mündung der Waffe und ihr Herz schlug ihr bis zum Hals.

»Zurück!« Der Fremde lachte auf. »Sie haben ja keine Ahnung ...«

»Nein, hab ich auch nicht«, antwortete Eva schnell. Endlich hatte sie ihn soweit, dass er mit ihr sprach. »Erzählen Sie doch einfach, warum ich hier bin. Vielleicht finden wir eine andere Lösung als ... das hier.« Sie zeigte mit spitzem Finger auf die Waffe.

»Ich will Sie nicht erschießen«, sagte er. »Aber wenn ich die weglege, dann hauen Sie doch ab.«

Wo er recht hatte, hatte er recht.

»Nein«, sagte sie. »Das mache ich nicht. Aber ich denke, wir können uns besser unterhalten, wenn Sie die Waffe weglegen. Ich verspreche Ihnen auch, dass ich nicht versuchen werde, zu fliehen. Glauben Sie mir, meine Neugierde ist groß genug zu erfahren, was hier eigentlich vor sich geht. Schließlich bin ich eine Frau.« Und in der Zwischenzeit hat Jürgen Zeit genug, mein Handy zu orten du Trottel, fügte sie in Gedanken hinzu.

»Eine Frau«, murmelte der Fremde. Dann ließ er tatsächlich die Waffe sinken. »Es wird Zeit, dass alles ans Licht kommt.«

Ja das finde ich auch, dachte Eva.

»Es haben alle viel zu lange geschwiegen. Viel zu lange ...« Fast erschöpft legte er die Waffe jetzt auf die Konsole. Fast so, als sei Eva gar nicht mehr da und könnte nicht jeden Moment danach greifen, um sich zu wehren.

Instinktiv erkannte Eva, dass er ihr jetzt sein ganzes Herz ausschütten würde. Und sie war sich nicht sicher, ob sie das wirklich alles hören wollte.

»Was kommt ans Licht?«, fragte sie, damit er nicht aufhörte.

»Alles. Die ganzen Verbrechen. Alles muss endlich einmal gesagt werden.«

Ach du liebe Zeit.

»Ich höre Ihnen zu«, bot Eva an. »Sie können mir vertrauen.«

»Ja, vertrauen. Sie alle haben ihm vertraut. Und ich auch. Ich bin mitschuldig. Ich bin an allem schuld.« Er sackte förmlich in sich zusammen. Was um alles in der Welt lief eigentlich hier ab?

»Sie haben Saskia und Sandra getötet, sagen Sie?«

Erschrocken sah er sie an.

»Woher wissen Sie das?«

»Na, es ist der Fall, an dem ich gerade arbeite. Womit sollte es denn sonst zu tun haben?«

»Ja stimmt ...«

»Es stimmt also?«

Er nickte. »Ja, aber es ist nicht so, wie Sie denken.«

Was sollte das nun wieder heißen? Eva gewann langsam Oberhand. Und jetzt nervte er sie sogar schon, der Mann, der vor Kurzem noch eine Waffe auf sie gerichtet und sie in Todesangst versetzt hatte.

»Sie können nicht wissen, was ich denke, glauben Sie mir«, sagte sie und schielte auf ihre Armbanduhr. Sicher kam Jürgen bald mit einem Verstärkungsteam, das sie endlich aus den Klauen dieses Wahnsinnigen befreite.

Der Fremde lachte bitter auf. »Die Welt ist schrecklich, die Menschen sind schrecklich. Das Böse steckt in uns allen.«

Und in dir wohl ganz besonders, du Hornochse. Dann sah Eva einen Schatten im Rückspiegel. War die Rettung schon da? Hoffentlich hatte er es nicht gesehen.

»Da sagen Sie was, ich schnappe jeden Tag böse Menschen, das ist mein Job. Und ich frage mich auch dauernd, warum Typen wie Sie das eigentlich machen. Weder die anderen Frauen noch ich haben Ihnen irgendetwas getan.« Sie hob die Stimme an, damit er sich nur noch auf sie konzentrierte.

Er wurde zornig und wollte gerade nach seiner Waffe greifen, als seine Tür aufgerissen wurde. Alles ging blitzschnell. Ein Beamter riss an dem Arm des Mannes und zog ihn aus dem Wagen.

Eva schnappte sich schnell die Waffe. Nur zur Sicherheit.

»Günter Tiede, Sie sind festgenommen«, hörte Eva, als die Handschellen zuschnappten. Der Name sagte ihr nichts.

Sie stieg aus dem Wagen und sah, wie Jürgen sich vor Erleichterung die Hand vor die Brust schlug.

»Alles Okay?«, fragte eine junge Beamtin.

Eva nickte. »Danke, ihr seid in allerletzter Minute noch rechtzeitig gekommen.«

»Das haben Sie dem jungen Mann da drüben zu verdanken«, sie zeigte auf Jürgen. »Er hat sich das Kennzeichen und die Marke gemerkt und uns dann informiert.«

Am liebsten wäre Eva jetzt zu ihm gerannt und hätte sich ihm an den Hals geworfen, ihrem Lebensretter. »Wo wird er jetzt hingebracht?« Sie zeigte auf Tiede.

»Zunächst zum Verhör nach Westerstede, und dann wird man sehen.«

»Okay, wenn es euch nichts ausmacht, dann wäre ich bei dem Verhör gerne dabei«, sagte Eva.

»Kein Problem, Sie sind ja auch bestens informiert, da es ihr Fall ist. Das beschleunigt die ganze Sache sicher.«

Eva lief zu Jürgen und er kam ihr auf den letzten Metern entgegen.

»Mensch, das hast du klasse gemacht«, sagte sie mit halb erstickter Stimme. »Du hast mir das Leben gerettet.« Mehr ging jetzt nicht.

Er griff nach ihrer Schulter und drückte sie an sich. »Immer wieder gerne, wie soll ich denn sonst den Tag verbringen, wenn ich dich alte Nörgeltante nicht mehr an meiner Seite habe.«

Nach einem kurzen Moment des Durchatmens sagte Eva: »Ich werde die Kollegen zur Dienststelle nach Westerstede begleiten und beim Verhör dabei sein. Man wird dich zu Klaras Wagen fahren und du wartest dann in Esens auf mich.«

»Hätte ich nicht besser sagen können«, erwiderte er lachend. »Bis später, Eva. Ich koch uns auch was Schönes.« Er stieg in den Dienstwagen und Eva ging zu der Kollegin von vorhin.

Das Geständnis

Man war in Westerstede damit einverstanden, dass Eva das Verhör leitete. Ihr Ruf war ihr offensichtlich schon vorausgeeilt.

Bevor sie in den Verhörraum ging, fiel ihr aus dem Augenwinkel ein junger Mann auf, der auf einer kargen Bank wartete. Doch sie konnte im Moment nicht sagen, woher sie ihn kannte. Dann öffnete sie die Tür und saß ihrem Entführer kurz darauf gegenüber.

»Günter Tiede also«, begann sie. »Jetzt kenne ich also auch den Namen meines Entführers.«

Er sagte nichts und sah nur stumm an die graue Wand hinter ihr.

»Woher kannten Sie die Opfer Saskia und Sandra? Was hatten Sie mit der Pflegemutter Christa Stresel zu tun?«

»Die Menschen sind böse«, sagte er in einer Art Singsang. »Man kann niemandem trauen. Alle sind böse.«

»Sie meinen, Saskia und Sandra waren böse Menschen?«

Erschrocken sah er sie an. Dann schüttelte er schnell den Kopf. »Nein, die Kinder doch nicht.«

Aha.

»Sondern, wer? Etwa Christa Stresel?«

Er nickte.

Jetzt verstand Eva gar nichts mehr. Wieso hatte er dann die jungen Frauen umgebracht?

»Was hat Christa Stresel getan? Warum war Sie in Ihren Augen böse?«

»Bruno«, antwortete er und warf den Kopf nach hinten. »Verstehen Sie denn gar nichts? Sie waren doch dabei.«

Offensichtlich war er bestens über die damaligen Familienverhältnisse informiert. Aber in welchem Verhältnis stand er zu den Stresels?

»Gehörten Sie auch zur Familie?«, fragte sie und wich im nächsten Moment entsetzt zurück, weil er wild auf den Tisch schlug.

»Ich!«, schrie er. »Gott bewahre. Ich habe mit dieser Familie nichts zu tun. Eher würde ich mir eine Kugel in den Kopf jagen, als dass ich mit dieser Familie etwas zu tun hätte.«

Ist ja gut, war ja nur eine Frage. In Eva arbeitete es. Sie musste die Sache anders angehen. Aber wie?

»Wissen Sie, Herr Tiede, ich würde wirklich nichts lieber tun, als zu verstehen. Offenbar haben Sie schlechte Erfahrungen mit dem Ehepaar Stresel gemacht.«

»Ha, genau wie Sie ...«, triumphierte er. Vielleicht war sie auf der richtigen Fährte.

»Ja, genau wie ich«, antwortete sie. Wie viel von dem, was sie da mitgemacht hatte, wusste er wohl?

»Und? Haben Sie niemals den Wunsch verspürt, den alten Stresel einfach abzuknallen? Mir gegenüber können Sie es ruhig zugeben.« Verschwörerisch beugte er sich zu ihr herüber.

Wenn sie ihn jetzt bestätigte, ging sie eindeutig zu weit.

»Ich habe für mich den anderen Weg gewählt«, sagte sie schließlich. »Bei der Polizei kann man auch eine Menge für die Gerechtigkeit erreichen, denke ich. Da muss man nicht gleich zur Selbstjustiz greifen.«

»Ach ja? Meinen Sie das? Und wann zum Teufel hätte der alte Stresel seine gerechte Strafe bekommen? Na? Können Sie mir das beantworten? Wann ist er jemals für das, was er all den Mädchen angetan hat, zur Rechenschaft gezogen worden?« Mit wirrem Blick sah er sie an.

Er wusste also alles. Verschämt sah Eva zur Seite. Sie war wieder das Opfer. Sie würde immer das Opfer sein.

Sie atmete tief durch und riss sich wieder zusammen.

»Hören Sie, Herr Tiede. Sie werden hier des dreifachen Mordes angeklagt, ist Ihnen das eigentlich klar? Da hilft es uns nur wenig weiter, wenn Sie sich in irgendwelchen

Rachetiraden ergehen. Wir müssen uns jetzt um die Fakten kümmern. Gestehen Sie endlich alles, dann können wir hier Feierabend machen. Ich bin hungrig und müde und möchte nach Hause.«

Die letzten Sätze waren ihr eigentlich nur so herausgerutscht. Doch plötzlich wurden seine Gesichtszüge weich. Er sah sie mit verklärtem Blick an.

»Ich sage alles, was Sie wissen wollen. Sie haben einen schönen Abend wirklich verdient.«

Der war ja noch irrer, als sie sowieso schon angenommen hatte.

»Na also ...«, sagte sie.

»Es stimmt«, begann er, »ich habe Saskia und Sandra ermordet. Und auch diese blöde Stresel ...«

Dann erzählte er, wie es zu dieser Mordserie gekommen war.

Ende der 1970er Jahre war es gewesen, als er seinen Besuch der Fachoberschule Sozialpflege abgeschlossen hatte. Er hatte noch nie zu den typisch männlichen Berufen tendiert. Er war voller Empathie und wollte helfen. Irgendetwas Gutes tun. Zunächst hatte er gedacht, dass er seine Berufung in der Betreuung von behinderten Kindern finden könnte, und begann ein Praktikum bei einer entsprechenden Einrichtung. Doch nach zwei Monaten schmiss er hin. Sie taten ihm leid. Und das war total kontraproduktiv für seinen täglichen Ablauf. Diese Kinder wollten kein Mitleid, sagte sein Chef, der wieder einmal einen Zusammenbruch seines Praktikanten beobachtet hatte, als dieser sich die Augen in einer dunklen Ecke rieb. Das sei wohl nicht das Richtige für ihn, hatte er gesagt und ihm den Austritt aus der Einrichtung nahegelegt.

Dann hatte es Günter Tiede in die Verwaltung geführt. Er arbeitete im Sozialamt und war für die Zuweisung von Pflegekindern zuständig. Eigentlich doch auch etwas Gutes, was man dann für Heimkinder tun konnte, die ihre Eltern verloren hatten. Er machte seine Sache gut und man betraute ihn schon als ganz jungen Mann mit den schwierigsten Fällen. Vielleicht auch, weil das Sozialamt immer notorisch unterbesetzt war, weil die Mittel fehlten. Doch Günter Tiede gab sich Mühe. Er arbeitete rund um die Uhr, schlief kaum noch und nahm sogar Arbeit mit nach Hause und studierte auch am Wochenende die traurigsten Schicksale.

An die hundert Kinder hatte er so nach rund zwei Jahren gut in Familien untergebracht. Jedenfalls dachte er das. Dann bekam seine Karriere einen ersten Knacks, als er feststellen musste, dass ein Junge, den er in eine Pflegefamilie mit drei weiteren Kindern vermittelt hatte, zu Tode geprügelt worden war. Und zwar vom eigenen

Pflegevater. Dieser Junge hieß Benjamin. Er hatte ihn im Laufe der Vermittlungsarbeit gut kennen gelernt. Er war für sein Alter zu klein und schmal. Seine großen blauen Augen passten gar nicht zu dem blassen kleinen Gesicht mit den schlohweißen Haaren. Er sah immer so traurig aus, wenn Günter Tiede sich mit ihm unterhielt. Am liebsten hätte er alle Kinder, die so traurig aussahen, mit nach Hause genommen. Doch das ging ja auch nicht. Also tat er sein bestes, dass die Kinder ein schönes Zuhause fanden. Und dann war Benjamin totgeprügelt worden und Günter Tiede hielt es für seine Schuld. Es war die Folge seines Versagens. Benjamins traurige blaue Augen verfolgten ihn bis weit in den Schlaf.

Jeder weitere Vermittlungsbogen, den er auf den Tisch bekam, lag da, bis sich endlich ein anderer Kollege darum kümmerte. Günter Tiede konnte einfach keine Kinder mehr vermitteln. Nirgendwo mehr sein Okay druntersetzen. Kein Kind mehr ins Verderben, vielleicht sogar in den Tod schicken.

Seine Laufbahn brach er schließlich nach einem weiteren halben Jahr ab, als er schon drei Monate krankgefeiert hatte. Sein Arzt sprach von einer psychischen Belastungsstörung, die man bestimmt mit einer entsprechenden Therapie wieder in den Griff bekäme.

Auch mit der Schuld an dem Schicksal von Benjamin würde er dann versöhnlicher umgehen können, versprach der Mediziner. Schließlich willigte Günter Tiede ein und ging in Therapie.

Danach war er nicht wieder derselbe, aber er konnte wieder in den Spiegel schauen. Als Sozialarbeiter konnte er allerdings nicht wieder arbeiten. Nicht wieder Verantwortung für Menschen übernehmen. Also schulte er zum Bürokaufmann um. Für ihn ein langweiliger Nerv tötender Job, aber so hatte er es zumindest nur mit Akten zu tun. Denen konnte man ja nicht wehtun.

Das ging so viele Jahre gut. Er heiratete sogar und bekam einen Sohn. Matthias hieß er. Alles schien gut. Doch Matthias war anders. Er war schon als kleines Kind jähzornig gewesen. Geradezu brutal gegen seine Eltern. Günter Tiedes Frau Britta gab ihrem Mann die Schuld daran, weil er als Vater versagt hätte. Er sei viel zu lasch in der Erziehung gewesen und habe ihr einen Tyrannen ins Nest gelegt. Die Ehe zerbrach. Britta ließ den Sohn bei seinem Vater. Sie verschwand über Nacht.

Das änderte alles im Leben von Matthias. Seine Wut löste sich auf. Er wurde praktisch zum ängstlichen Jammerlappen. Er heftete sich an seinen Vater. Klammerte geradezu, damit dieser ihn nicht auch noch verließ. Und so wurde Günter Tiede wieder herausgefordert, sich mit der Psyche eines Kindes zu befassen. Das Beste zu tun. Er war überfordert. Auch wenn er meinte, alles für Matthias zu tun, der Junge wurde immer unberechenbarer in seinen Handlungen. Fast atmete Günter Tiede auf, als er endlich in die Lehre ging, die in einer weiter entfernten schulischen Einrichtung ablief. Endlich wieder Ruhe im Haus. Doch er konnte nicht durchatmen. Wieder kam dieses schlechte Gewissen hoch, bei einem Kind versagt zu haben. Und diesmal bei seinem eigenen Sohn.

Also fing er an zu trinken, um dieses Gefühl loszuwerden. Sein Konsum steigerte sich von Jahr zu Jahr. Als er dann eines Morgens mit einer leeren Flasche Cognac im Bett aufwachte, zog er einen Schlussstrich und suchte eine Gesprächsgruppe für Alkoholiker auf. Er wusste selber nicht, woher er diese Kraft genommen hatte. Doch er wollte nicht so sein, wie der Mann, den er morgens immer im Spiegel sah.

Und wie der Zufall es wollte, traf er in dieser Gruppe auf Sandra Brückmann. Sie war in der Gruppe, weil sie ihr Leben hasste. Sie hasste alles um sich herum. Alle Menschen, jeden Baum. Sie war arbeitslos und trank aus Langeweile. Günter Tiede sah sich gefordert. Sie war doch so eine nette junge Frau. Er konnte unmöglich zulassen, dass sie ihr Leben so wegwarf. Er lud sie zu sich nach Hause ein. Anfangs traute sie ihm nicht ganz. Er solle ruhig sagen, wenn er einfach nur mit ihr ins Bett wolle, hatte sie gesagt und verächtlich gelacht. Sie sei es gewohnt, dass die Typen scharf auf sie seien.

Schockiert hatte Günter Tiede abgewehrt. Nein das wolle er nicht. Sie vertraute ihm und sie saßen immer öfter zusammen und unterhielten sich über ihr Leben, ihre Schicksale. Und eines Abends erzählte sie dann von einer Pflegefamilie, die eigentlich ihr ganzes Leben zerstört hätte. Eine Familie Stresel mit einem Mann, der ihr schon nach drei Tagen an die Wäsche gegangen sei. Dabei sei sie noch so klein gewesen. Ihre Stimme hatte in diesem Moment den Klang eines verängstigten Kindes gehabt. Als sie erzählte, war in Günter Tiede alles zusammengebrochen. Wie gerne hätte er sich jetzt einen eingeschenkt. Es war doch seine Schuld, was ihr geschehen war. Am liebsten hätte er es laut geschrien, dass er, er ganz alleine ihr ganzes Leben auf dem Gewissen habe. Sie solle endlich aufhören, sich schlecht zu fühlen. Er nähme ihr alles ab, das würde er schwören. Doch er brachte es nichts übers Herz, ihr die Wahrheit zu sagen.

Und wie der Zufall es wollte, bezog eines Tages sein Sohn Matthias eine Wohnung ausgerechnet neben Sandra Brückmann. Die Welt konnte so klein sein. Die beiden freundeten sich an, ohne dass sie wussten, dass sie beide mit Günter Tiede zu tun hatten. Doch mehr als eine oberflächliche Freundschaft wurde nicht daraus. Und Günter Tiede wusste nur zu gut, dass diese beiden gebrochenen Persönlichkeiten in Wahrheit niemals glücklich sein würden.

Als Sandra eines Tages in der Gruppe von einem Selbstmordversuch erzählte und dabei auch noch lachte, war in Günter Tiede der Plan aufgekeimt, den Menschen, den er so viel Leid zugefügt hatte, endlich zu der Erlösung zu verhelfen, die sie verdient hatten. Zu Übungszwecken habe er sich dann zunächst mit Saskia beschäftigt, erzählte er in sachlichem Ton und Eva hätte nicht sagen können, was sie jetzt lieber getan hätte, ihn einfach erschießen oder kotzen.

»Haben Sie auch Bruno Stresel umgebracht?«, fragte sie, als er wie ausgelaugt vor ihr saß.

»Nein, aber ich hätte gerne. Der Krebs ist mir zuvor gekommen.«

»Man wird ihre Aussage zu Protokoll nehmen und Sie dann weiter nach Oldenburg überstellen«, sagte sie.

»Ja, das weiß ich. Ich werde nie wieder rauskommen. Sagen Sie meinem Sohn, dass es mir leidtut. Er soll versuchen, ein neues Leben anzufangen.«

»Ich kenne Ihren Sohn nicht«, sagte Eva. Was sollte das Ganze?

»Doch doch, Sie kennen ihn. Sie haben mit ihm gesprochen, als sie nach Sandra gefragt haben.«

Jetzt erinnerte sich Eva wieder an die behaarte Brust. Ja, dieser gutaussehende junge Mann. Dass sie nicht eher geschaltet hatte, wunderte sie ein wenig. Aber vielleicht war sie auch einfach zu entsetzt gewesen.

»Er ist bestimmt draußen«, sagte Günter Tiede. »Ich habe einem Beamten gesagt, dass er ihn informieren soll, wo ich bin. Er wird sich auch stellen.«

Sie rannte nach draußen. Er saß immer noch da und lächelte sie an.

»Werden Sie meinen Vater jetzt einsperren?«, fragte er, als Eva vor ihm stand.

»Ja, natürlich. Was dachten Sie denn?« Sie wurde einfach das Bild nicht los. Der junge Mann, der so fröhlich Auskunft gegeben hatte. Man sah Menschen wirklich immer nur vor den Kopf und nicht dahinter.

»Dann können Sie mich am besten auch gleich festnehmen«, sagte er und hielt er seine verkreuzten Arme hin.

»Und warum, wenn ich fragen darf? Waren Sie an den Morden etwa beteiligt?«

»Nicht direkt. Aber ich hätte mehr für meinen Vater da sein müssen«, sagte er und ließ seine Hände sinken.

»Kommen Sie, ich bringe Sie zu meinen Kollegen und dann trinken Sie erst mal einen Kaffee.«

Esens und der Geruch nach Bratkartoffeln

Es war schon spät, als Eva den Schlüssel in die Tür zu Klaras Wohnung steckte. Es roch unheimlich gut nach angebratenen Zwiebeln. Ein schönes Gefühl. Eva nahm eine Nase voll. So fühlte sich wohl ein Zuhause an.

Sie fand Jürgen in der Küche vor, wie er gerade die Bratkartoffeln in der Pfanne wendete.
»Ich habe einen Bärenhunger«, sagte Eva, »hab ich noch Zeit, um mich zu duschen?«
»Aber sicher«, sagte Jürgen. Das Herz ging ihm auf, als er ihre leuchtenden Augen sah.

Ich habe immer öfter das Bedürfnis, mich zu waschen, dachte Eva, als der warme Strahl über ihren Rücken perlte. Wovon wollte oder musste sie sich reinwaschen? Gingen ihr die Fälle langsam viel zu sehr unter die Haut? Und in diesem Fall war es ganz besonders schlimm. Sie wäre eines der nächsten Opfer gewesen, wenn man Günter Tiede nicht gestoppt hätte. Auch ihm war alles zu viel geworden. Sie konnte durchaus nachvollziehen, dass er sich persönlich für die Schicksale der Mädchen, die Bruno Stresel missbraucht hatte, verantwortlich sah und so sehr zu Herzen nahm. Im Laufe der Jahre war er wohl daran zerbrochen und komplett durchgedreht. Erlösung sah für Eva anders aus. Und die wünschte sie sich in diesem Moment auch für sich. Doch sie war Realistin genug, um zu erkennen, dass es nie aufhören würde. Sie musste einen Weg finden, mit ihrer Vergangenheit zu leben, ohne sich schmutzig zu fühlen.

»Das hat ja ganz schön gedauert«, lachte Jürgen, als sie im Jogginganzug in die Küche kam.

Er hatte den Tisch festlich gedeckt und eine Kerze brannte. Das ist so lieb von ihm, dachte Eva.

»Bitte setz dich«, sagte er, »du hast es dir verdient. Ich hole uns noch schnell den Weißwein. Ich hab ihn kalt gehalten, bis du kommst.« Er verschwand aus dem Wohnzimmer.

Eva sah sich um. Bald würde sie auch von Klara Abschied nehmen müssen. Sie hatte gelächelt. Dieses Bild, das würde immer in ihrem Herzen bleiben.

»Und hier kommt der Wein, Madame.« Mit einem Geschirrtuch über dem Arm schenkte Jürgen ein und ahmte einen Oberkellner nach.

Eva musste lachen.

»Lass es dir schmecken, Eva. Ich hoffe, die Eier sind nicht zu braun geworden, ich weiß ja, dass du das eigentlich nicht so magst, aber …«

»Schon gut«, sagte sie. »Im Moment würde ich alles essen.«

Sie erzählte ihm nach und nach, was Günter Tiede während seines Verhörs gestanden hatte.

»Was für ein kranker Typ«, sagte Jürgen.

»Natürlich«, gab Eva zu. »Aber kannst du denn gar nicht nachvollziehen, warum er das alles gemacht hat? Ich meine, ich kann das schon in gewisser Weise ...«

»Wenn man sich genügend Mühe gibt, dann kann man sicher für jeden Täter irgendwo einen nachvollziehbaren Grund finden, warum er andere um die Ecke bringt. Das kann doch nicht bedeuten, dass wir jetzt alle Gefängnisse abschaffen und sagen, sie werden schon ihre Gründe gehabt haben.« Er grinste sie an und hielt ihr einen Kurzen hin.

»Du bist wirklich unverbesserlich«, sagte Eva nachdenklich.

»Prost!« Er nickte ihr zu.

Sie stürzte den Schnaps in einem Zug herunter. Das tat gut.

»Das Einzige, was für mich zählt, ist, dass du da heil rausgekommen bist«, sagte Jürgen.

»Und das habe ich dir zu verdanken«, fügte Eva hinzu.

»Ach was«, wehrte er ab, »ich hab doch gar nichts gemacht.«

»Stell dein Licht nur nicht unter den Scheffel, du hast mein Leben gerettet. Wenn du uns nicht verfolgt hättest, dann wäre ich sicher schon tot.«

Sie sahen sich über den Tisch hinweg an, auf dem die Kerze flackerte.

Ich liebe ihn, dachte Eva, doch sagen konnte sie es nicht.

Nach dem Essen wechselten sie endgültig das Thema. Eva wollte nur noch abschalten und so legte Jürgen einen alten Film von Klara ein.

»Es ist erstaunlich, dass diese alten Videocassetten immer noch funktionieren«, sagte Jürgen, als er die Schnulze reinschob.

»Warum sollten sie denn nicht?«

»Na, diese Bänder sind magnetisch aufgeladen und nach einer gewissen Zeit und schon sowieso nach so vielen Jahren ...«

»Schon gut«, unterbrach Eva, »so genau wollte ich es eigentlich gar nicht wissen. Lass uns jetzt gucken, wie Dr. Schiwago seine Probleme löst.«

Jürgen war es recht. Er schenkte noch einmal Weißwein nach und kuschelte sich an Eva auf dem Sofa.

Irgendwann waren die beiden eingeschlafen. Eva hatte den Film noch nie zu Ende gesehen.

Aufbruch

Am nächsten Morgen packten sie ihre Sachen.

»Endlich wieder auf die Insel«, sagte Jürgen voller Vorfreude. »Ich kann es ehrlich gesagt kaum erwarten. Und wie geht es dir damit? Willst du doch nochmal zu Klara?«

Eva zuckte mit den Schultern. Dann schüttelte sie den Kopf. »Nein, zu Klara nicht.«

»Sondern?« Fragend sah er sie an. Dann schaltete er. »Du willst nochmal zu Robert, stimmt's?«

Sie nickte. »Wenn du schon eine Fähre früher nehmen willst, ist das kein Problem für mich.«

»Auf gar keinen Fall«, sagte Jürgen resolut. »Dich kann man doch nicht aus den Augen lassen.«

Robert las gerade seine Tageszeitung und trank einen Tee, als es an der Tür klingelte.

»Ich hab's schon in der Zeitung gelesen«, sagte er, als er Eva und Jürgen hereinbat.

»Ich warte im Wagen«, sagte Jürgen und verzog sich wieder. Er hatte nur sichergehen wollen, dass Eva ins Haus kam.

»Auch einen Tee?«, fragte Robert, als Eva sich mit an den Küchentisch setzte.

»Gerne«, erwiderte sie. Die Sonne schien in die Küche und es roch nach familiärer Gemütlichkeit. Kater Joseph lag wieder auf seiner Fensterbank und beachtete sie gar nicht. Vielleicht sollte sie sich etwas von Katzen abgucken. Was sie nicht sehen wollten, sahen sie auch nicht.

»Willst du darüber reden?«, fragte Robert, als er den Tee vor sie stellte.

»Ich weiß nicht ...«

»Das geht mir auch so. Vielleicht lebe ich deshalb jetzt hier alleine mit dem blöden Kater. Guck ihn dir doch an, er schert sich einen Dreck um alles, was um ihn herum geschieht. Hauptsache, es fehlt ihm an nichts.«

Eva sah Robert an. »Es ist schon komisch«, sagte sie plötzlich, »da haben wir uns so viele Jahre nicht gesehen, und doch ist da etwas Unsichtbares, das uns verbindet.«

»Ja, ich muss immer wieder daran denken, wie du mit Jürgen da in meinem Garten herumgestolpert bist.« Er lachte.

»Ich fand es komisch, dass du überhaupt keine Angst hattest«, sagte Eva.

»Vielleicht war das dieses unsichtbare Band, von dem du gerade gesprochen hast. Wir haben doch eine gemeinsame Vergangenheit, ein Schicksal, das wir teilen. Wie könnte ich da Angst vor dir haben?«

Nachdenklich sah Eva nach draußen. Es sah alles so friedlich aus. Die Bäume wiegten sich im leichten Wind und auf der Wiese stolzierte ein Storch hin und her, um nach Fröschen zu suchen.

»Du lebst im Paradies«, sagte sie mit leiser Stimme. »Lass dir das ja von niemandem mehr kaputtmachen, hörst du.«

»Niemals«, sagte er, und sah, was sie und auch wohl der Kater da so fasziniert beobachteten. »Ich habe genug Geld zurückgelegt. Und wenn es sein muss, dann finde ich schon einen Job.«

»Da bin ich sicher. Und wenn du Lust hast, dann besuchst du mich auf Langeoog, okay?«

»Das mach ich ganz bestimmt Eva«, sagte er und es sammelten sich Tränen in seinen Augenwinkeln. »Es ist nie zu spät, auch wieder nach vorne zu sehen.«

Zum Abschied umarmte Eva ihn. Oder besser gesagt, er zog sie halbwegs nach oben. Jürgen beobachtete es vom Wagen aus und er freute sich für Eva, dass sie jemanden aus ihrer Vergangenheit gefunden hatte, den sie nicht hassen musste.

Sie fuhren Klaras Opel zurück nach Esens und nahmen sich ein Taxi zum Fähranleger in Bensersiel.

Als sie endlich wieder auf Langeoog waren, streckte Eva die Arme aus.

»Da ist er wieder, unser Sand«, sagte sie. »Ich habe das alles hier sehr vermisst.«

Sie gingen jeder in die eigene Wohnung und verabredeten sich für den Abend bei ihrem Lieblingsitaliener.

Eva schloss die Tür auf und fand, dass es komisch roch. Hatte sie irgendwo etwas liegen gelassen, das jetzt vor sich hingammelte? Vielleicht eine Banane oder eine Orange? Sie schlich in die Küche. Die Angst lief immer noch mit. Sie sah sich um und entdeckte nichts Außergewöhnliches.

Bis sie dann ins Wohnzimmer kam und gellend aufschrie. Auf ihrem Wohnzimmertisch lag eine tote Möwe. Sie schlich um den Tisch herum und beäugte das Tier. Die Augen waren auf und sahen sie klagend an. Er war auch hier gewesen, dachte sie. Günter Tiede war in ihre Wohnung gegangen. Wieder einmal hatte jemand eine Grenze überschritten. Hörte das denn nie auf?

Jetzt nach dem ersten Schrecken untersuchte Eva das Tier. Ein Flügel war gebrochen und es war ihm der Hals umgedreht worden. Und sie ahnte, welche Verletzung das Tier als Erstes davongetragen hatte.

Eva holte einen Müllsack und stopfte die Möwe hinein. Sie wollte jetzt nicht mehr über die kranken Beweggründe von Günter Tiede nachdenken.

Nachdem sie sich im Bad die Hände gründlich gewaschen hatte, lief sie ins Schlafzimmer und zog die Schachtel unter ihrem Bett hervor. Ihr Leben, wie sie es Jürgen gegenüber genannt hatte. Doch damit war jetzt Schluss. Sie machte die Schachtel auf und blätterte noch einmal in den Bildern herum. Die Mädchen darauf, mit denen sie zu sehen war, waren tot oder sie kannte sie einfach nicht mehr. Warum also sollte sie die Aufnahmen noch aufbewahren. Und auch all die anderen Sachen, die sie aufgehoben hatte, irgendwelche Papier- und Zeitungsschnipsel. Es musste Schluss sein damit. Ein für alle Mal. Nur noch nach vorne gucken, hatte Jürgen gesagt. Und er hatte recht damit. So verdammt recht. Sie holte noch einmal den Müllsack mit der Möwe und warf den Inhalt des Kartons hinein. Sie sah den Bildern dabei zu, wie sie im Dunkel des Sackes nach unten taumelten. So viele Gesichter. Dann warf sie die ganze Schachtel hinterher. Sie atmete auf und trug den Müllsack in die Abstellkammer.

Sie holte tief Luft. Doch bevor sie den Müllsack mit einem Band verschloss, griff sie noch einmal hinein, wühlte kurz und zog eine Aufnahme heraus, die eine Frau zeigte, die lächelte. Das war das Letzte, was sie an ihre richtige Mutter erinnerte.

Pünktlich traf Eva beim Italiener ein. Sie hatte wieder geduscht. Doch das mochte sie gar nicht sagen. Sie hatte sich sogar geschminkt.

»Gut siehst du aus, Eva.« Jürgen hatte bereits eine Flasche Rotwein bestellt und eingeschenkt. »Ich habe wie immer bestellt«, sagte er.

»Wie immer klingt gut«, lachte Eva. »Das hat so etwas Beständiges.«

Es war ein gelöster Abend. Sie lachten viel.

Es war noch warm, als sie das Lokal gegen halb zehn verließen.

»Wollen wir noch am Strand entlanglaufen?«, fragte Jürgen.

»Gerne, aber ich habe gar keine Jacke dabei«, fiel Eva auf.

»Macht nichts.« Jürgen zog sein Jackett aus und legte es ihr um die Schultern.

»Du guckst zu viel Dr. Schiwago«, flachste Eva. Doch sie war ihm dankbar für seine Umsicht.

Als sie am Strand entlangliefen, liefen die Wellen lautlos im Sand aus. Nur hier und da sah man verträumte Pärchen in einiger Entfernung.

»Ich hab ihn weggeworfen«, sagte Eva in die Stille hinein.

»Wen?«

»Den Karton mit den Bildern.«

»Du meinst, den, wo dein Leben drin war?«

Sie nickte.

»Das war bestimmt eine gute Entscheidung«, bestätigte er. »Man muss Dinge auch mal hinter sich lassen.«

Dass sie das Bild von ihrer Mutter aufgehoben hatte, sagte sie nicht. Vielleicht würde sie irgendwann die Kraft haben, nach ihr zu suchen.

Jürgen brachte Eva bis vor die Tür. Es war schon fast Mitternacht und die Sterne blinkten hell und klar am Himmel.

»Schlaf gut«, sagte er und drückte ihr einen Kuss auf die Wange.

»Willst du nicht noch auf ein Glas mit reinkommen?«, fragte sie.

»Sicher, warum nicht«, sagte er so locker, wie er es sonst auch sagte. Und doch hörte es sich irgendwie anders an. Nicht mehr so locker, nachdem er ihr seine tiefen Gefühle gestanden hatte.

ENDE

Jürgens Bratkartoffelrezept

Liebe Leserin, lieber Leser,
sicher haben auch Sie jemanden, der ihnen ganz besonders am Herzen liegt. Verwöhnen Sie ihn doch einmal mit den Bratkartoffeln, die Jürgen für Eva macht, wenn sie mal wieder geschafft ist von ihren Ermittlungen und nach Hause kommt zu ihm.

Zutaten:
1 kg rohe Kartoffeln
1 große Zwiebel
1 Stange Lauch
1 Möhre
4 Eier
Öl, Margarine
Frische oder TK-Kräuter (Petersilie, Schnittlauch)
Salz, Pfeffer, Curry

Die kleingehackten Zwiebeln im heißen Öl kurz anbraten,
dann die rohen Kartoffeln in Scheiben geschnitten dazugeben und auf Stufe 3 kräftig anbraten lassen. Dabei immer wieder wenden.

Dann Lauch, die Möhre und Kräuter kleingeschnitten untermengen und die Hitze auf 1,5 zurückstellen. Würzen und einen bis zwei Löffel Margarine in kleinen Wölkchen aufbringen und die geschlagenen Eier drübergießen. Den Deckel drauf und alles stocken lassen.

Nach gut zehn Minuten das Ganze wenden, bis die Eier schön goldbraun gebraten sind.

Vor dem Servieren noch einmal frische Kräuter über die Bratkartoffeln streuen.

Jürgen serviert dazu auch gerne Schwarzbrot mit frischer Butter und in Scheiben geschnittenen Radieschen!

Guten Appetit!

Zum Essen trinken Eva und Jürgen gerne ein Jever Pils oder einen trockenen Weißwein. Und hinterher gibt es einen klaren Schnaps für die Verdauung.

Zur Autorin

Moa Graven: »Ich habe erst mit fünfzig meine Leidenschaft für das subtile Verbrechen entdeckt.«

Als gebürtige Ostfriesin kam Moa Graven durch Umwege über den Journalismus selber zum Krimi-Schreiben. Das war im Jahr 2013, als sie ihren ersten Krimi »Mörderischer Kaufrausch« mit Ermittler Jochen Guntram als Fortsetzung in einem Monatsmagazin veröffentlichte. Seither hat sie viele Leichen in Ostfriesland hinterlassen. Sie arbeitet mittlerweile an drei Krimi-Reihen in Ostfriesland mit Kommissar Guntram in Leer, Jan Krömer in Aurich und Eva Sturm auf Langeoog! Seit August 2016 gibt es auch eine Friesland Krimi-Reihe mit Joachim Stein, den alle nur „Der Adler" nennen.

Besuchen Sie die Autorin gerne
auch hier: www.moa-graven.de.

Die Eva Sturm Krimi-Reihe im Überblick

Verliebt … Verlobt … Verdächtig - *Band 01*
Justitias Schwäche - *Band 02*
Bitterer Todesengel - *Band 03*
Blaues Blut - *Band 04*
Stille Angst - *Band 05 (hierbei handelt es sich um ein Overcross-Special mit den drei Ermitterteams von Moa Graven, die einen Fall auf Borkum lösen)*
Schiffbruch - *Band 06*
Auf dich wartet der Tod - *Band 07*
7 Tage Regen – *Band 08 (Januar 2017)*

Alle Bücher sind als eBook und Taschenbuch erhältlich!

Die weiteren Krimi-Reihen von Moa Graven
Kommissar Guntram Krimi-Reihe

»Mörderischer Kaufrausch« - Band 01
»Mord im Gebüsch« - Band 02
»Mordsgeschäfte« - Band 03
»Das Meer schweigt ...« - Band 04
»Märchenhafte Morde« - Band 05
»Hinter verschlossenen Türen« - Band 06
»Teezeit« - Band 07
»Wer erschoss den Weihnachtsmann?« - Band 08
»Hannah – Vergessene Gräber« - Band 09
                              (März 2017)

Profiler Jan Krömer Krimi-Reihe

»KillerFEE«" – Band 01
»Todesspiel am Großen Meer« – Band 02
»Kneipenkinder« – Band 03
»Fallensteller« - Band 04
»Flächenbrand« – Band 05 (Februar 2017)

Der Adler Krimi-Reihe

»Der Adler – LaLeLu ... und tot bist du« Band 01

Alle Bücher sind als Taschenbuch oder eBook erhältlich!

www.ingramcontent.com/pod-product-compliance
Lightning Source LLC
Chambersburg PA
CBHW031442040426
42444CB00007B/936